天津圖書館活字本書目

索　引

《天津圖書館活字本書目》
書名及著者索引

目次

編　例

1．本索引包括《書名索引》和《著者索引》，依四角號碼檢字法排序。爲方便不熟悉四角號碼的讀者使用，另附書名及著者《索引字頭筆畫檢字表》和《索引字頭拼音檢字表》。

2．書名前冠有“欽定”、“增訂”、“重修”等字樣，一律用括弧標出，不在檢索範圍之内。

3．凡書中有並列性質的單獨著作，則另立書名檢索。

4．《索引字頭拼音檢字表》中常見的多音字，在不同的音序中重復著錄，方便檢索。如“仇”在“C”和“Q”中都有反映。

5．索引原則上依原文獻著錄。書名和著者首字中的簡體字、别體字，與本字筆畫相近、字義相同、號碼一致的進行合併。如“寳”和“寶”，合併爲“寶”。與本字略有區别，且號碼也不相同的，用本字再列一條，以便查檢。如“厯”在“歷”中也有反映。

6．著者爲釋氏者，以法號立目。

7．書名和著者索引右側所注的數字爲本書目的頁碼。

索引字頭筆畫檢字表

（各畫按起筆丶一丨丿順序排列）

一畫

[一]

一 1000_0
乙 1771_0

二畫

[一]

二 1010_0
十 4000_0
丁 1020_0
七 4071_0

[丨]

卜 2300_0

[丿]

八 8000_0
人 8000_0
九 4001_7

三畫

[一]

三 1010_1
干 1040_0
于 1040_0
寸 4030_0
才 4020_0
大 4003_0
也 4471_2

[丨]

上 2110_0
山 2277_0
小 9000_0

[丿]

千 2040_0

四畫

[丶]

卞 0023_0
六 0080_0
文 0040_0
方 0022_7
心 3300_0

[一]

王 1010_4
天 1043_0
元 1021_1
廿 4477_0
太 4003_0
五 1010_7
卅 4400_0
尤 4301_0
尹 1750_7
巴 7771_7

[丨]

日 6010_0
中 5000_6
內 4022_7
水 1223_0

[丿]

今 8020_7
毛 2071_4
壬 2010_4
丹 7744_0
月 7722_0
仁 2121_0
仇 2421_7

五畫

[丶]

立 0010_8
永 3023_2
半 9050_0

[一]

平 1040_9
玉 1010_3
未 5090_0
正 1010_1
甘 4477_0
世 4471_7
古 4060_0
本 5023_0
左 4001_1
石 1060_0
司 1762_0
北 1111_0

[丨]

甲 6050_0
史 5000_6
四 6021_0
出 2277_2

[丿]

包 2771_2
句 2762_0
外 2320_0
仕 2421_0
仙 2600_0
白 2227_0

六畫

[丶]

江 3111_0
池 3411_2
宇 3040_1
安 3040_4
亦 0033_0
米 9090_4

[一]

式 4310_0
刑 1240_0

老 4471_1
攷 1824_0
地 4411_2
西 1060_0
列 1220_0
有 4024_7
存 4022_7
成 5320_0
至 1010_4
艮 7773_2

[丨]

同 7722_0

[丿]

全 8010_4
耒 5090_0
朱 2590_0
竹 8822_0
名 2760_0
各 2760_4
伍 2121_7
伊 2600_0
任 2725_7
印 2221_4
自 7772_0

七畫

[丶]

沈 3411_2
汪 3090_4
宋 3111_4
忻 9202_1
辛 0040_1
言 0060_1
冷 3813_7
冶 3316_0
初 3722_0

[一]

邢 1742_7
志 4033_1
孝 4440_7
攻 1814_0
豆 1010_8
車 5000_6
甫 5322_7
求 4313_2
杜 4491_0
李 4040_7
折 5202_1
吾 1060_1
改 1874_0
忍 1733_2
防 7022_7
阮 7121_1

[丨]

串 5000_6
吳 2643_0
呂 6060_0
男 6042_7
岑 2220_7

[丿]

含 8060_7
余 8090_4
佘 8090_1
何 2122_0
佚 2523_0
兵 7280_1
延 1240_1
身 2740_0
近 3230_2

八畫

[丶]

河 3112_0
治 3316_0
宗 3090_1
宜 3010_7
宛 3021_2
怡 9306_0
京 0090_6
於 0823_3
放 0824_0
房 3022_7

[一]

奉 5050_3
武 1314_0
青 5022_7
長 7173_2
刧 4772_0
東 5090_6
臥 7870_0
兩 1022_7
刺 5290_0
直 4010_7
述 3330_9
枕 4491_2
林 4499_0
松 4893_2
拙 5207_2
來 4090_8
拗 5702_0
奇 4062_1
邵 1762_7
函 1077_2
承 1723_2
孟 1710_7
邴 1722_7

[丨]

尚 9022_7
芝 4430_7
芙 4453_0
花 4421_4
芹 4422_1
卓 2140_6
昌 6060_0
昇 6044_0
明 6702_0
易 6022_7
味 6509_0
忠 5033_6
果 6090_4
固 6060_4

[丿]

金 8010_9
知 8640_0
牧 2854_0
物 2752_0
季 2040_7
和 2690_0
周 7722_0
依 2023_2
使 2520_6
岳 7277_2

慎 9408_1
愧 9601_3
新 0292_1
意 0033_6
靖 0512_7
詩 0464_1
廉 0023_7
棄 0090_4
資 3780_6
慈 8033_3

[一]

賈 1080_6
聖 1610_4
楚 4480_1
想 4633_0
楊 4692_7
嗇 4060_1
裘 4373_2
歷 7123_9
碑 1664_0
群 1865_1
辟 7064_1
遜 3230_9

[丨]

葉 4490_4
葛 4472_7
萬 4442_7
董 4410_4
敬 4864_0
葆 4429_4
虞 2123_4
盟 6710_7
愚 6033_2
路 6716_4
蜀 6012_7
業 3290_4

[丿]

節 8872_7
愛 2024_7
頌 8178_6
鄒 2742_7
詹 2726_1
傳 2524_3
僊 2121_2
僅 2421_4
傷 2822_7
經 2191_1

十四畫

[丶]

潄 3814_0
漢 3413_4
寧 3020_1
端 0212_7
適 3030_2
齊 0022_3
說 0861_6
廣 0028_6
廖 0022_2
鄭 8742_7
滎 9923_2

[一]

壽 4064_1
臺 4010_4
趙 4980_2
疑 2748_1
暨 7110_6
翟 1721_4
鄧 1712_7

[丨]

蒲 4412_7
蓉 4460_8
蓮 4430_4
夢 4420_7

[丿]

管 8877_7
裴 1173_2
種 2291_4
遞 3130_3
鳳 7721_0
熊 2133_1

十五畫

[丶]

潛 3116_1
澄 3211_8
潘 3216_9
寫 3032_7
憬 9609_6
談 0968_9
諸 0466_0
課 0669_4
論 0862_7
慶 0024_7
養 8073_2

[一]

慧 5533_7
歐 7778_2
樓 4594_4
樊 4443_0
撫 5803_1

[丨]

蔗 4423_7
慕 4433_3
薖 4430_2
蔣 4424_7
蔡 4490_1
墨 6010_4

[丿]

篋 8871_3
劍 8280_0
稽 2396_1
黎 2713_2
繇 2229_3
樂 2290_4
劉 7210_0
魯 2760_3
德 2423_1
練 2599_6
緯 2495_6
畿 2265_3

十六畫

[丶]

澴 3613_2
澮 3716_1
龍 0121_1
諫 0569_6

[一]

霍 1021_4
靜 5225_7
璞 1213_4

駱 7736_{4}
輶 5806_{1}
橘 4792_{7}
歷 7121_{1}

[丨]

燕 4433_{1}
蕉 4433_{1}
盧 2121_{7}
餐 2773_{2}

[丿]

篤 8832_{7}
篔 8880_{6}
錢 8315_{3}
錫 8612_{7}
錦 8612_{7}
雕 7021_{4}
儒 2122_{7}
學 7740_{7}

十七畫

[丶]

濡 3112_{7}
賽 3060_{1}
蹇 3080_{1}
謙 0863_{7}
謝 0460_{0}
應 0023_{1}
禮 3521_{8}

[一]

霞 1024_{7}
戴 4385_{0}
臨 7876_{6}
聰 1613_{0}
韓 4445_{6}
隱 7223_{7}

[丨]

薛 4474_{1}
蟋 5213_{9}
嶺 2238_{6}

[丿]

鍾 8211_{4}
儲 2426_{0}
輿 7780_{1}
繆 2792_{2}

十八畫

[丶]

顏 01286

[一]

醫 7760_{1}
璧 7010_{3}

[丨]

舊 4477_{7}

[丿]

簡 8822_{7}
簣 8880_{6}
雞 2041_{4}
魏 2641_{3}
雙 2040_{7}
歸 2712_{7}

十九畫

[丶]

懷 9003_{2}
譚 0164_{6}
證 0261_{8}
龐 0021_{1}
廬 0021_{7}

[一]

關 7777_{2}

[丨]

藝 4473_{1}
羅 6091_{4}

[丿]

籀 8856_{2}
犢 2458_{6}
繡 2592_{7}

二十畫

[丶]

瀲 3814_{0}
寶 3080_{6}
竇 3080_{6}
爐 9181_{7}

[丨]

蘇 4439_{4}
鶚 6722_{7}
嚴 6624_{8}

[丿]

饌 8778_{1}
釋 2694_{1}
覺 7721_{6}

二十一畫

[丶]

懼 9601_{4}
顧 3128_{6}
鶴 4722_{7}

[一]

攝 5104_{1}

[丨]

蘭 4422_{7}

[丿]

鐵 8315_{0}
續 2498_{6}
響 2760_{1}

二十二畫

[丶]

龔 0180_{1}
讀 0468_{6}

[一]

聽 1413_{1}

二十三畫

[丶]

欒 2290_{4}
麟 0925_{9}

二十四畫

[一]

蠹 5013_{6}
蠶 7113_{6}

二十五畫

[丶]

蠻 2213_{6}

[丨]

觀 4621_{0}

二十八畫

戇 0733_{8}

索引字頭拼音檢字表

字	號碼
范	4411_2
方	0022_7
防	7022_7
房	3022_7
放	0824_0
飛	1241_3
費	5580_6
馮	3112_7
奉	5050_3
鳳	7721_0
芙	4453_0
浮	3214_7
符	8824_3
甫	5322_7
撫	5803_1
婦	4742_7
傅	2324_2

G

字	號碼
改	1874_0
干	1040_0
甘	4477_0
贛	0733_8
高	0022_7
格	4796_4
葛	4472_7
各	2760_4
艮	7773_2
耿	1918_0
攻	1814_0
龔	0180_1
古	4060_0
固	6060_4
顧	3128_6
關	7777_2
觀	4621_0
管	8877_7
廣	0028_6
歸	2712_7
癸	1243_0
桂	4491_4
貴	5080_6
郭	0742_7
國	6015_3
果	6090_4
過	3730_2

H

字	號碼
海	3815_7
含	8060_7
函	1077_2
涵	3717_2
寒	3030_3
韓	4445_6
漢	3413_4
郝	4732_7
浩	3416_1
何	2122_0
和	2690_0
河	3112_0
賀	4680_6
鶴	4722_7
恒	9101_6
洪	3418_1
紅	2191_0
侯	2723_4
後	2224_7
胡	4762_0
壺	4010_7
湖	3712_0
花	4421_4
華	4450_4
畫	5010_6
懷	9003_2
澴	3613_2
浣	3311_1
皇	2610_4
黃	4480_6
悔	9805_7
惠	5033_3
慧	5533_7
霍	1021_4

J

字	號碼
畿	2265_3
稽	2396_1
雞	2041_4
急	2733_7
極	4191_4
季	2040_7
紀	2791_7
計	0460_0
寄	3062_1
暨	7110_6
家	3023_2
甲	6050_0
賈	1080_6
假	2724_7
謇	3060_1
蹇	3080_1
簡	8822_7
建	1540_0
劍	8280_0
諫	0569_6
江	3111_0
姜	8040_4
蔣	4424_7
焦	2033_1
蕉	4433_1
教	4844_0
刧	4772_0
節	8872_7
今	8020_7
金	8010_9
僅	2421_4
錦	8612_7
近	3230_2
晉	1060_1
京	0090_6
荆	4240_0
旌	0821_4
經	2191_1
憬	9609_6
敬	4864_0
靖	0512_7
靜	5225_7
九	4001_7
救	4814_0
舊	4477_7
橋	4792_7
句	2762_0
懼	9601_4

强 1623_6
篋 8871_3
芹 4422_1
秦 5090_4
琴 1120_7
青 5022_7
清 3512_7
慶 0024_7
邱 7712_7
秋 2998_0
仇 2421_7
求 4313_2
裘 4373_2
全 8010_4
群 1865_1

R

人 8000_0
仁 2121_0
壬 2010_4
忍 1733_2
任 2221_4
紉 2792_0
日 6010_0
容 3060_8
蓉 4460_8
儒 2122_7
濡 3112_7
阮 7121_1

S

卅 4400_0
三 1010_1
桑 7790_4
喪 4073_2
嗇 4060_1
山 2277_0
珊 1714_0
商 0022_7
傷 2822_7
上 2110_0
尚 9022_7
邵 1762_7
佘 8090_1
攝 5104_1
身 2740_0
神 3520_6
沈 3411_2
慎 9408_1
昇 6044_0
笙 8810_4
盛 5310_7
聖 1610_4
施 0821_2
師 2172_7
詩 0464_1
十 4000_0
石 1060_0
史 5000_6
使 2520_6
世 4471_7
仕 2421_0
式 4310_0
是 6080_1
適 3030_2
釋 2694_1
壽 4064_1
舒 8762_2
蜀 6012_7
述 3330_9
恕 4633_0
漱 3814_0
雙 2040_7
水 1223_0
說 0861_6
司 1762_0
思 6033_0
四 6021_0
俟 2323_4
松 4893_2
宋 3090_4
頌 8178_6
蘇 4439_4
宿 3026_1
粟 1090_4
孫 1249_3
所 7222_1

T

臺 4010_4
太 4003_0
泰 5013_2
談 0968_9
譚 0164_6
唐 0026_7
棠 9090_4
陶 7722_0
愓 9602_7
天 1043_0
恬 9206_4
鐵 8315_0
聽 1413_1
艇 2244_1
通 3730_2
同 7722_0
童 0010_4
屠 7726_4
退 3730_3

W

外 2320_0
宛 3021_2
皖 2361_1
萬 4442_7
汪 3111_4
王 1010_4
望 0710_4
韋 4050_6
僞 2222_7
緯 2495_6
未 5090_0
味 6509_0
魏 2641_3
溫 3611_7
文 0040_0
翁 8012_7
臥 7870_0
吳 2643_0
吾 1060_1
五 1010_7
伍 2121_7
武 1314_0

Z

昭	6706$_{2}$	拙	5207$_{2}$		
趙	4980$_{2}$	資	3780$_{6}$		
折	5202$_{1}$	自	2600$_{0}$		
蔗	4423$_{7}$	宗	3090$_{1}$		
真	4080$_{1}$	鄒	2742$_{7}$		
枕	4491$_{2}$	租	2791$_{0}$		
振	5103$_{2}$	祖	3721$_{0}$		
征	2121$_{1}$	左	4001$_{1}$		
拯	5701$_{3}$				
正	1010$_{1}$				
鄭	8742$_{7}$				
證	0261$_{8}$				
芝	4430$_{7}$				
知	8640$_{0}$				
直	4010$_{7}$				
至	1010$_{4}$				
志	4033$_{1}$				
治	3316$_{0}$				
中	5000$_{6}$				
忠	5033$_{6}$				
鍾	8211$_{4}$				
種	2291$_{4}$				
周	7722$_{0}$				
籀	8856$_{2}$				
朱	2590$_{0}$				
硃	1569$_{0}$				
諸	0466$_{0}$				
竹	8822$_{0}$				
祝	3621$_{0}$				
專	5034$_{3}$				
饌	8778$_{1}$				
莊	4421$_{4}$				
卓	2140$_{6}$				

書名索引

0

2

4814_0 救

4844_0 教

4864_0 敬

4893_2 松

4895_7 梅

5

5000_6 車

串

史

中

5010_6 畫

5013_2 泰

5013_6 蠹

5022_7 青

著 者 索 引

0

1020$_0$ 丁

1021$_1$ 元

1024$_7$ 夏

二一三三₁—二五九〇。熊岑崔任巢欒卜傳皖仇德待儲朱（〇九—六七）

4491_0 杜

4491_4 桂

4499_0 林

4594_4 樓

4621_0 觀

4680_6 賀

4692_7 楊

天津圖書館活字本書目

天津圖書館 編

國家圖書館出版社

圖書在版編目(CIP)數據

天津圖書館活字本書目/天津圖書館編. —北京:國家圖書館出版社,2008. 12
ISBN 978 - 7 - 5013 - 3965 - 5

Ⅰ. 天… Ⅱ. 天… Ⅲ. 活字本—圖書館目録—天津市 Ⅳ. Z838

中國版本圖書館 CIP 數據核字(2008)第 189743 號

責任編輯:宋志英　趙　嫄

書　名	天津圖書館活字本書目
著　者	天津圖書館　編
出　版	國家圖書館出版社　(100034　北京市西城區文津街 7 號) (原北京圖書館出版社)
發　行	010 - 66139745　66175620　66126153 66174391(傳真)　66126156(門市部)
E - mail	btsfxb@ nlc. gov. cn(郵購)
Website	www. nlcpress. com → 投稿中心
經　銷	新華書店
印　刷	河北三河弘翰印務有限公司
開　本	787 × 1092 毫米　1/16
印　張	21. 25
版　次	2008 年 12 月第 1 版　2008 年 12 月第 1 次印刷
書　號	ISBN 978 - 7 - 5013 - 3965 - 5 / Z · 314
定　價	80 圓

編　例

一　本書目收錄自建館以來（一九〇八—二〇〇八）入藏的古籍活字本一一一六部，其中原版八九一部，影印本二二五部，另收少數外國人刻印的中國古籍活字本。

二　本書目按照經、史、子、集、叢五部分類編排。各部類圖書，按其不同内容，再細分子目。編排方法原則上悉遵《天津圖書館古籍善本書目》。

三　本書目條目按書名項、著者項、版本項、稽核項、附注項順序著録。凡屬叢書、合刻、彙印本均列出子目。

1　書名項：包括書名及卷次。書名一般取自正文卷端原題，若取自其他部位之書名、考訂出之書名、本館擬定書名及異名等情況，均在附注項加以説明。卷數一律著明原書

卷數，原書卷數不清者，著□卷或□□卷；殘書在附注項後另行著録現存卷數和卷次。

2　著者項：一般著録其本名。著者本名無考或對所題著者有疑問者，照原題著録，在原題名前冠「題」字；著者無考或佚名者，著者項空缺或著録不著撰者。

3　版本項：包括印刷時代、地域、主持或刻印者等。具體年代及其他項目不詳，則著録爲某朝或某朝某代印本。

4　稽核項：著録原書册數函數及與别種合函等情況。

5　附注項包括以下内容：

①著録版框尺寸、行格、字數、版口、邊欄、魚尾等情況，以及封面和原書其他部位有關的刻印情況記載及標識，作爲考訂版本異同的參證。

②書中有藏書家、名人學者所鈐藏書印鑒，擇要著録，以反映其流傳情況。

③有關書名、著者以及版本考訂、鑒别等方面需要説明的事項。

四　本書目每條款目最下方爲館藏索書號。號碼前加「Z」者爲館藏珍本；加「S」者爲館藏

一般善本；加「P」者爲館藏普通本；加「F」者爲館藏方志。

五　本書目附錄部分收集館藏的影印本及縮微品的活字本。該附錄只排經、史、子、集一級類目，而二、三級類目則暗分明不分。每一款目最下方爲館藏索書號。例如：「存史五五—七五八」爲《四庫全書存目叢書》的史部第五五冊第七五八頁；「續四三八—三」爲《續修四庫全書》第四三八冊第三頁；「未九—九—五七五」爲《四庫全書未收書》第九輯第九冊第五七五頁；「禁一二六—三〇五」爲《四庫全書禁燬叢書》第一二六冊第三〇五頁；T四—一二爲本館特藏縮微製品索書號。

六　本書目後附書名及著者四角號碼索引。爲便於檢索，另編書名及著者字頭筆畫及漢語拼音檢字表。

總目

經部

史部

子部

集部

叢部

附錄

天津圖書館活字本書目

經部

易類

伊川易傳四卷　(宋)程頤撰　清活字印本　四册一函　框高一九·八厘米　廣一四·五厘米　十二行二十字大黑口四週雙邊單黑魚尾　鈐『周氏叔弢』朱文方印　周叔弢捐贈　S二〇〇二

重鐫蘇紫溪先生易經兒說八卷　(明)蘇濬撰　清乾隆五十六(一七九一)年禹航師儉堂活字印本　八册一函　框高二一厘米　廣一四·三厘米　九行二十字白口四週雙邊單黑魚尾版心上鐫『易經兒說』　封面鐫『乾隆庚戌年刊　重鐫易經兒說　禹航師儉堂版』　清乾隆五十六年陈紹翔跋　其中序文　卷一第一至二　四至九　十一至十二　十四至十六葉爲仿武英殿聚珍版叢書排版形式　框高一九·九厘米　廣一四·六厘米　S二〇〇三

周易遵述十二卷　(清)蔣本撰　清道光十(一八三〇)年王氏信芳閣活字印本　六册一函　框高二〇厘米　廣一四·三厘米　八行二十字白口四週單邊單黑魚尾版心下鐫『信芳閣藏』　首有　S二〇〇九

周易遵述十二卷

(清)蔣本撰　清道光十(一八三〇)年王氏信芳閣活字印本　六册一函

道光十年王相刊周易遵述敘　卷次依周易遵述總目　鈐「周氏叔弢」朱文方印　周叔弢捐贈

S二〇一〇

易經詮義十四卷卷首一卷

(清)汪烜撰　清同治十二(一八七三)年曲水書局活字印本　十五册三函　框高二三·四厘米　廣一五·五厘米　九行二十五字小字雙行字同白口四週單邊單黑魚尾版心上鐫「重訂汪子遺書」下鐫「曲水書局」　封面一鐫「重訂汪子遺書十　婺源振儒社藏本」　封面二鐫「安徽獻書」　封面牌記鐫「常郡韓文煥齋承刻聚珍排印並用爲上白連紙及寫校之費每篇本價三釐裝潢每帙本價銀一分」　清同治十二年余麗元序

S二六九五

易經詮義十四卷卷首一卷

(清)汪烜撰　清同治十二(一八七三)年曲水書局活字印本　十五册二函　鈐「周氏叔弢」朱文方印　「孝經一卷人家」白文方印　周叔弢捐贈

S二〇〇四

易經如話十二卷卷首一卷

(清)汪烜撰　清同治十二(一八七三)年曲水書局活字印本　六册一函　框高二三·五厘米　廣一五·三厘米　九行二十五字小字雙行字同白口四週單邊單黑魚尾版心上鐫「重訂汪子遺書」下鐫「曲水書局」　封面鐫「重訂汪子遺書十　婺源振儒社藏本」　目録題「汪子遺書」　鈐「周氏叔弢」朱文方印　「孝經一卷人家」朱文長方印　周叔弢捐贈

S二〇〇五

讀易初稿八卷

(清)丁敍忠撰　清同治二(一八六三)年白芙堂活字印本　八册一函　框高一九·一厘米　廣一三·五厘米　十行二十二字白口四週雙邊單黑魚尾　封面牌記鐫「同治二年癸亥白芙堂活

S二〇〇六

字印行』 鈐『周氏叔弢』朱文方印 周叔弢捐贈

陳氏易說四卷坿錄一卷 (清)陳壽熊撰 清光緒二十一(一八九五)年活字印本 二册一函 框高一八·五厘米 廣一四厘米 十行二十五字黑口左右雙邊單黑魚尾 封面牌記鐫『光緒乙未季夏开印中秋竣工』 鈐『周氏叔弢』朱文方印 周叔弢捐贈 S二〇〇七

讀易劄記不分卷 (清)關棠撰 一九一五年活字印本 一册一函 框高一九·一厘米 廣一二·二厘米 十行二十字白口左右雙邊單黑魚尾版心上鐫『劄記』 卷末有謝鳳孫一九一五年跋 S二〇〇八

書類

禹貢節註便讀一卷附禹貢總誌 (清)朱麟書輯 清嘉慶十六(一八一一)年活字印本 一册一函 框高一八·六厘米 廣一一·六厘米 八行二十字白口四週單邊 清嘉慶十六年朱麟書序 鈐『周氏叔弢』朱文方印 周叔弢捐贈 S二〇一二

禹貢古今注通釋六卷 (清)侯楨撰 清光緒六(一八八〇)年侯學愈吳豫昶活字印本 二册一函 框高二一·九厘米 廣一三·六厘米 九行二十二字白口四週單邊單黑魚尾版心下鐫『古杼秋館』 清光緒六年侯琫森跋 鈐『周氏叔弢』朱文方印 『錫山王志明印』白文方印 周叔弢捐贈 S二〇一三

枕葄齋書經問答八卷附補習科問答七卷卷末一卷 (清)胡嗣運撰 清光緒三十四(一九〇八) S二〇一四

年鵬南書屋活字印本　二册一函　框高一八·六厘米　廣一三·二厘米　十行十九字白口四週雙邊單黑魚尾版心上鐫「書經問答」下鐫「鵬南書屋」　封面鐫「書經問答」　封面牌記鐫「戊申年仲秋排印」　鈐「周氏叔弢」朱文方印　周叔弢捐贈

枕葄齋書經問答八卷附補習科問答七卷卷末一卷

（清）胡嗣運撰　清光緒三十四（一九〇八）年鵬南書屋活字印本　二册一函　S二〇一五

禹貢錐指節要一卷附夏小正傳一卷

（清）汪獻玗撰　清同治九（一八七〇）年群玉齋活字印本　一册一函　框高一九·六厘米　廣一三·八厘米　九行二十字白口四週單邊單黑魚尾　封面鐫「同治九年二月　群玉齋印」　P三七五五四

詩類

絜齋毛詩經筵講義四卷

（宋）袁燮撰　清乾隆間武英殿聚珍版叢書本　一册一函　框高一九·一厘米　廣一二·七厘米　九行二十一字白口四週雙邊單黑魚尾版心下鐫校勘官姓名　鈐「寶勤堂書畫印」朱文長方印　「潘健盦圖書印」朱文方印　S二〇一七

枕葄齋詩經問答八卷附補習科七卷

(清)胡嗣運撰　清光緒三十四(一九〇八)年鵬南書屋活字印本　一册一函　框高一八·三厘米　廣一二·八厘米　十行十九字白口四週單邊單黑魚尾版心上鐫「詩經問答」下鐫「鵬南書屋」　封面鐫「詩經問答」封面牌記鐫「戊申年仲秋月排印」　清光緒三十三年劉以信序

存八卷　枕葄齋詩經問答八卷

S二〇一一

毛詩國風繹不分卷

(清)陳遷鶴撰　清同治十三(一八七四)年晉江黃氏梅石山房活字印本　一册一函　框高二〇·六厘米　廣一四·一厘米　九行二十字上黑口四週雙邊單黑魚尾版心下鐫「梅石山房」　封面牌記鐫「同治十三年冬日晉江黃氏用子版印於楳石山房」

P三七五六二

禮類

攷工集注二卷

(清)方苞撰　清活字印周官集注本　二册一函　框高一四厘米　廣一〇·八厘米　十行十九字下黑口四週單邊單黑魚尾版心上鐫「周官集注」中鐫「考工」　考工集注上下卷是为周官集注卷之十一　十二　卷下題考工記　鈐「周氏叔弢」朱文方印　周叔弢捐贈

S二〇二〇

大戴禮記十三卷

(漢)戴德撰　(周)盧辯注　清乾隆間武英殿聚珍版叢書本　佚名批校　二册一函　框高一九·一厘米　廣一二·五厘米　九行二十一字白口四週雙邊單黑魚尾版心下鐫校

S二六九三

勘官姓名　鈐『拜經樓』白文方印

内則章句一卷

（清）顧陳垿撰　顧思義校　清味菜廬活字印本　一册一函　框高一九·四厘米　廣一三·五厘米　九行十七字黑口四週雙邊單黑魚尾　封面牌記鐫『味菜廬集印本』　鈐『周氏叔弢』朱文方印　『孝經一卷人家』朱文長方印　周叔弢捐贈

S二〇一九

喪禮或問二卷

（清）方苞撰　顧琮訂　清活字印本　一册一函　框高一四·五厘米　廣一一·一厘米　九行十九字下黑口四週單邊單黑魚尾　卷次依目録

S二〇二一

周禮故書不分卷

（清）程炎撰　清活字印本　一册一函　框高一七·二厘米　廣一一·八厘米　十行二十四字白口左右雙邊單黑魚尾

P三七五三一

春秋類

左傳事緯十二卷附左傳字釋一卷

（清）馬驌撰　清同治七（一八六八）年朝宗書室活字印本　十二册二函　框高一九·七厘米　廣一三厘米　九行二十四字白口四週單邊單黑魚尾版心下鐫『朝宗書室』　封面鐫『同治七年戊辰　朝宗書室聚珍』　鈐『周氏叔弢』朱文方印　『方瑞之印』白文方印　周叔弢捐贈

S二〇二三

春秋測義三十五卷 （清）强汝詢撰 清光緒十五（一八八九）年流芳閣活字印本 六册一函 框高一八・七厘米 廣一三・五厘米 十行二十三字白口左右雙邊單黑魚尾 封面牌記鐫「光緒乙丑年流芳閣排印」 S二〇二六

枕葃齋春秋問答十六卷卷末一卷 （清）胡嗣運撰 一九一五年鵬南書屋活字印本 二册一函 框高一八・六厘米 廣一三厘米 十行十九字白口左右雙邊單黑魚尾版心上鐫「春秋問答」中鐫「家庭教育」下鐫「鵬南書屋」 封面鐫「春秋問答」封面牌記鐫「民國四年六月排印」 鈐「周氏叔弢」朱文方印 周叔弢捐贈 S二〇二三

孝經類

孝經學七卷 （清）曹元弼撰 清光緒三十四（一九〇八）年江蘇存古學堂活字印本 一册一函 框高二一・八厘米 廣一五・三厘米 九行二十字白口四周雙邊單黑魚尾版心下鐫「江蘇存古學堂」 封面鐫「光緒戊申六月」 封面牌記鐫「江蘇存古學堂印行」 書名依封面 鈐「周氏叔弢」朱文方印 S二〇二四

孝經學七卷 （清）曹元弼撰 清光緒三十四（一九〇八）年江蘇存古學堂活字印本 一册一函 S二〇二五

孝經講義三卷 （清）潘任撰 清光緒間江南高等學堂活字印經學講義本 一册一函 框高一九・八厘米 廣一三・三厘米 九行二十五字上黑口左右雙邊單黑魚尾 目錄首頁題「江南高等學堂經學講 S二一三二

義一

四書類

論語後案二十卷　(清)黃式三撰　清道光二十四(一八四四)年魯岐峯活字印本　佚名批校　六册一函　框高二三·五厘米　廣一五·六厘米　九行二十四字白口四週雙邊單黑魚尾版心下鐫『魯岐峯』　首有(道光)甲辰(一八四四)年黃式三弁言　鈐『周氏叔弢』朱文方印　『孝經一卷人家』朱文長方印　『丁福保讀書記』朱文長方印等　周叔弢捐贈　S二〇二七

論語後案二十卷　(清)黃式三撰　清道光二十四(一八四四)年魯岐峯活字印本　四册一函　S二〇二八

禮記大學篇古微一卷　(清)易順豫撰　清活字印本　一册一函　框高一九·八厘米　廣一二·五厘米　十二行二十六字無格白口四週雙邊單黑魚尾　鈐『周氏叔弢』朱文方印　周叔弢捐贈　S二〇一八

羅山四書義一卷　(清)羅澤南撰　**羅忠節公事畧一卷**　(清)李元度撰　清光緒二十一(一八九五)年活字印本　一册　S二〇二九

一函　框高一七・三厘米　廣一一・七厘米　九行二十五字上下黑口左右雙邊単黑鱼尾　封面鐫『羅忠節公四書義』封面牌記鐫『光緒乙丑季春鋟板』　書名依版心　鈐『周氏叔弢』朱文方印　周叔弢捐贈

四書纂言四十卷　S二〇三〇

(清)宋翔鳳輯　清末李祖榮岝㟧山房活字印本　十二册二函　框高一五・八厘米　廣一二・八厘米　九行二十一字白口四周雙邊單黑魚尾版心下鐫『岝㟧山房　精較重刊』鈐『曾在張祝三处』朱文长方印

群經總義類

古微書三十六卷　S二〇三三

(明)孙瑴撰　清活字印本　六册一函　框高二〇厘米　廣一四・二厘　九行二十字白口左右雙邊單黑魚尾　書名依版心　鈐『周氏叔弢』朱文方印　周叔弢捐贈

西崖經說不分卷　S二〇〇一

(清)顧成章撰　清光緒十八(一八九二)年活字印本　一册一函　框高一六・六厘米　廣一二・二厘米　九行十九字白口四週雙邊單黑魚尾　封面牌記鐫『壬辰中冬曲園署檢』清光緒十八年俞樾序　鈐『周氏叔弢』朱文方印　周叔弢捐贈

有竹石齋經句說四卷　S二〇三二

(清)吳英撰　吳志忠校　清嘉慶十五(一八一〇)年眞意堂活字印本　二册一函　框高二〇・二厘米　廣一四・一厘米　九行二十字白口左右雙邊单黑鱼尾

版心上鐫「經句说」下鐫「眞意堂」　清嘉慶庚午(十五)年吳英序　鈐「周氏叔弢」朱文方印　周叔弢捐贈

小學類

小演雅一卷續錄一卷別錄一卷附錄一卷　(清)楊浚撰　清光緒五(一八七九)年誦芬堂活字印本　一冊一函　框高一八・三厘米　廣一二厘米　十行二十二字細黑口左右雙邊版心下鐫「誦芬堂藏本」　清光緒己卯(五)年陳棨仁序　鈐「周氏叔弢」朱文方印　周叔弢捐贈　S二二六〇

釋書名一卷　(清)莊綬甲撰　清光緒十五(一八八九)年活字印拾遺補藝齋遺書本　一冊一函　框高一九・三厘米　廣一三・九厘米　十行二十字下黑口四週單邊單黑魚尾版心上鐫「拾遺補藝齋遺書」　清光緒十五年莊毓鋐跋　S二〇三四

增訂釋文虛字解六卷　(清)張文炳撰　王士駿釋文　清光緒二十三(一八九七)年黃巖抱冬心館活字印本　一冊一函　框高一八・五厘米　廣一二厘米　九行二十字白口四周雙邊单黑鱼尾版心上鐫「釋文虛字解」下鐫「學士叢鈔附編之一」　清光緒二十三年王士駿序　鈐「周氏叔弢」朱文方印　S二〇三六

千字文一卷 （梁）周興嗣編　民國間北京龍光齋活字藍印本　一册一函　框高一四・二厘米　廣一〇・三厘米　七行十二字小字雙行字同白口左右雙邊雙藍魚尾版心下鐫「同學齋仿宋聚珍版」　卷末牌記鐫「北京楊梅竹斜街龍光齋刊印」 P三七六〇八

銅板音論三卷詩本音十卷 （清）顧炎武撰　清道光间候官林氏福田書海銅活字印本　十二册一函　框高一七厘米　廣一一・二厘米　九行十九字白口四周雙邊单白魚尾版心下鐫「福田書海」　封面牌記鐫「福田書海　銅活字板　福建候官　林氏珍藏」　有林春祺銅板敍言銅活字印書事　鈐「周氏叔弢」朱文方印　「孝經一卷人家」朱文长方印 S二〇四〇

銅板音論三卷詩本音十卷 （清）顧炎武撰　清道光间候官林氏福田書海銅活字印本　十二册一夾 S二〇四一

銅板音論三卷詩本音十卷 （清）顧炎武撰　清道光间候官林氏福田書海銅活字印本　六册一函　鈐「項蘭生」白文方印　「藻馨」白文方印 S八二六五

枕漁匀學二種二卷 （清）顧淳撰　清光緒二十五（一八九九）年活字印本　一册一函　框高一六・四厘米　廣一二・六厘米　十行二十四字下黑口四周單邊單黑鱼尾　封面牌記鐫「光緒己亥九秋摆印」　清光緒庚子（二十六）年杜學謙序　書名依封面 S二〇三八

毛詩古音述一卷

聲韻轉迻畧一卷

枕漁勻學二種二卷 (清)顧淳撰 清光緒二十五(一八九九)年活字印本 一册一函 S二六八四

史部

紀傳類

史記注補正一卷 (清)方苞撰 程崟 王兆符编錄 清活字印本 一册一函 框高一四·一厘米 廣一一厘米 十行十九字下黑口左右雙邊 鈐「周氏叔弢」朱文方印 周叔弢捐贈 S二〇四五

兩漢刊誤補遺十卷 (宋)吳仁傑撰 清活字印本 四册一函 框高二一·八厘米 廣一三·七厘米 九行二十一字白口四週單邊單黑魚尾 鈐「周氏叔弢」朱文方印 周叔弢捐贈 S二〇四六

兩漢刊誤補遺十卷 (宋)吳仁傑撰 清同治七(一八六八)年金陵書局活字印本 二册一函 框高二一·四厘米 廣一三·五厘米 九行二十一字白口四週單邊單黑魚尾 封面牌記鐫「同治戊辰夏六月用聚珍版印於金陵書局」 鈐「戴經堂藏書」白文方印 「周心梅藏」朱文方印 「子壽」朱文方印 「黃彭年印」白文方印 S二〇四二

三國志六十五卷　（晉）陳壽撰　（宋）裴松之注　清同治六（一八六七）年金陵書局活字印本　二十册四函　框高二〇·六厘米　廣一四·六厘米　十行二十字白口四週單邊單黑魚尾　封面牌記鐫『同治六年丁卯秋九月用聚珍版重印於金陵書局』　鈐『周氏叔弢』朱文方印　周叔弢捐贈　S二〇四三

三國志六十五卷　（晉）陳壽撰　（宋）裴松之注　清同治六（一八六七）年金陵書局活字印本　二十册四函　周叔弢捐贈　S二〇四四

常熟丁氏叢書　丁國鈞撰　清光緒二十（一八九四）年錫山文苑閣活字印本　四册一函　框高一六·四厘米　廣一二·九厘米　十行二十四字上黑口左右雙邊單黑魚尾版心下鐫『常熟丁氏叢書』　封面牌記鐫『光緒甲午余月暹鞠諸可寶署』　左下鐫『錫山文苑閣排印』　書名依版心　S二六八八

晉書校文五卷
補晉書藝文志四卷附錄一卷

常熟丁氏叢書　丁國鈞撰　清光緒二十（一八九四）年錫山文苑閣活字印本　二册一函　S二二〇一

常熟丁氏叢書　丁國鈞撰　清光緒二十（一八九四）年錫山文苑閣活字印本　二册一函　P三七五三四

舊唐書二百卷　(後晉)劉昫等撰　清古香書屋活字印本　七十二册八函　框高二二·五厘米　廣一六厘米　十行二十三字白口四週單邊單黑魚尾　封面鐫「古香書屋」　鈐「周氏叔弢」朱文方印　周叔弢捐贈　S二〇四七

編年類

稽古錄歷代論不分卷　(宋)司馬光撰　(清)季亮時錄　清末常昭排印局活字印本　季亮時題識　一册一函　框高一六·六厘米　廣一二·八厘米　十行二十四字白口四週單邊單黑魚尾版心下鐫「常昭排印局本」　S二五九四

資治通鑑補二百九十四卷　(明)嚴衍撰　清光緒二(一八七六)年盛氏思補樓活字印本　八十册六夾　框高一五·七厘米　廣一二·四厘米　十一行二十五字小字雙行字同下黑口左右雙邊單黑魚尾版心下鐫「思補樓」　封面鐫「光緒丙子夏月　思補樓校印」　清光緒二年盛康識　S二四二二

歷代編年一卷　(清)孫藴軒編　清光緒八(一八八二)年大成堂活字印本　一册一函　框高一八·八厘米　廣一二·五厘米　八行十八字白口四週雙邊單黑魚尾版心下鐫「大成堂」　清光緒壬午(八年)孫藴軒序　鈐「周氏叔弢」朱文方印　記事起五代梁迄清光緒　S二〇四九

歷代帝王統系大略一卷 不著撰人 清末北洋武備研究所活字印本 一册一函 框高二一·六厘米 廣一二·八厘米 十行二十一字白口四週雙邊單黑魚尾版心上鐫「歷代帝王統系」下鐫「北洋武備研究所印」 鈐「周氏叔弢」朱文方印 周叔弢捐贈

S二〇四八

紀事本末類

靖海記不分卷附襄壯公傳一卷 (清)施琅撰 清活字印本 四册一函 框高二三·三厘米 廣一四·六厘米 八行十八字小字雙行字同白口四週雙邊單黑魚尾 書名依版心

S二一二七

平定粤匪紀略十八卷附記四卷 (清)杜文瀾撰 清同治八(一八六九)年群玉齋活字印本 十册二函 框高二〇·九厘米 廣一三·七厘米 九行二十二字白口四週單邊單黑魚尾版心下鐫「群玉齋」 封面鐫「同治八年印 群玉齋」 清同治四年官文序 鈐「周氏叔弢」朱文方印 周叔弢捐贈

S二〇五〇

雜史類

鑾書十卷　（唐）樊綽撰　校譌一卷　（清）胡珽撰　續校附補校一卷　（清）董金鑑撰　清光緒十四（一八八八）年會稽董氏取斯堂活字印琳瑯密室叢書本　沈曾植批校　一册一函　框高一九・二厘米　廣一三・三厘米　九行二十一字黑口四週單邊單黑魚尾續校書口下鐫『取斯家塾』　鈐『沈氏家藏』白文龍鳳印　『授經樓藏書印』朱文方印

S二一三八

荆駝逸史五十二種　（清）陳湖逸士編　清活字印本　三十二册四函　框高一八・五厘米　廣一三・四厘米　八行十七字白口四週雙邊單黑魚尾　间有配本

S二〇五二

三朝野紀七卷　（明）李遜之撰
啓禎兩朝剝復錄三卷　（明）吳應箕撰
熹朝忠節死臣列傳一卷　（明）吳應箕撰
甲申忠佞紀事一卷　（明）錢邦芑撰
甲申紀變實錄一卷　（明）錢邦芑撰
甲申紀事一卷　（清）程正揆撰
北使紀畧一卷　（明）陳洪範撰
東林事畧二卷　（清）無名氏撰
恩恤諸公志略二卷　（明）孫慎行撰
孫高陽前後督師略跋一卷　（明）蔡鼎撰
附：
　車營百八叩二卷　（明）孫承宗撰
東陽兵變一卷　（明）□□撰
閩游月記二卷　（明）華廷獻撰
風倒梧桐記二卷　（明）何是非撰
揚州十日記一卷　（清）王秀楚撰

庚寅十一月初五日始安事畧一卷　(清)瞿元錫撰
平回記畧一卷　(清)口口撰
開國平吳事畧一卷　(清)南園嘯客輯
人變述畧一卷　(清)黄煜撰
全吳紀畧一卷　(明)楊廷樞撰
歷年城守記一卷　(清)王度撰
明亡述畧二卷　(清)鎖綠山人撰
劉公旦先生死義記一卷　(明)吳下逸民撰
僞官據城記一卷　(清)王度撰
孫愷陽先生殉城論一卷　(明)蔡鼎撰
懿安事略一卷　(清)賀宿撰
江陵記事一卷　(明)口口撰
永曆紀事一卷　(清)丁大任撰
平定耿逆記一卷　(清)李之芳撰
錢氏家變錄一卷　(清)錢孫愛撰
兩粵夢遊記一卷　(明)馬光撰
平臺紀畧一卷　(清)藍鼎元撰
荆溪盧司馬殉忠錄一卷　(明)許德士撰
袁督師計斬毛文龍始末一卷　(清)李清撰
入長沙記一卷　(清)丁大任撰
粤中偶紀一卷　(明)華復蠡撰
平蜀紀事一卷　(清)虞山逸民撰
航澥遺聞一卷　(明)汪光復撰
李仲達被逮紀畧一卷　(明)蔡士順撰
念陽徐公定蜀紀一卷　(明)文震孟撰
攻渝紀事一卷　(明)徐如珂撰
遇變紀略一卷　(明)聾道人(徐應芬)撰
四王合傳一卷　(清)口口撰

江變紀畧二卷　（清）徐世溥撰
東塘日劄二卷　（清）朱子素撰
滄洲紀事一卷　（清）程正揆撰
倣指南錄一卷　（明）范康生撰
甲行日注八卷　（明）木拂（葉紹袁）撰
汴圍濕襟錄二卷　（明）白愚撰
所知錄三卷　（清）錢澄之撰
聖安本紀六卷　（清）顧炎武撰
江陰城守紀二卷　（清）韓菼撰
江陰城守記一卷　（清）許重熙撰

荆駝逸史五十種　S二〇五四

（清）陳湖逸士编　李遜之輯　清道光古槐山房活字印本　二十四册四函　框高一九・四厘米　廣一三・八厘米　九行十九字小字雙行字同白口四週單邊單黑魚尾　封面鐫『重校荆駝佚史五十種　古槐山房集印本』清道光甲申（四年）申耆識　周叔弢捐贈

三朝野紀七卷　（明）李遜之撰
啓禎兩朝剥復錄三卷　（明）吳應箕撰
聖安本紀六卷　（清）顧炎武撰
所知錄三卷　（清）錢澄之撰
行朝錄六卷　（清）黄宗羲撰
懿安事略一卷　（清）賀宿撰
熹朝忠節死臣列傳一卷　（明）吳應箕撰
恩恤諸公志略二卷　（明）孫慎行撰
東林本末三卷　（明）吳應箕撰
念陽徐公定蜀記一卷　（明）文震孟撰

平蜀記事一卷　(清)虞山逸民(錢謙益)撰
攻渝記事一卷　(明)徐如珂撰
全吳記畧一卷　(明)楊廷樞撰
袁督師計斬毛文龍始末一卷　(清)李清撰
孫高陽前後督師畧跋一卷　(明)蔡鼎撰
附：
　車營百八叩二卷　(明)孫承宗撰
孫愷陽先生殉城論一卷　(明)蔡鼎撰
荆溪盧司馬殉忠錄　(明)許德士撰
汴圍濕襟錄二卷　(明)白愚撰
孑遺錄一卷　(清)戴名世撰
崇禎癸未榆林城守紀畧一卷　(清)戴名世撰
崇禎甲申保定城守紀畧一卷　(清)戴名世撰
甲申忠佞記事一卷　(明)錢邦芑撰
甲申紀變錄一卷　(明)錢邦芑撰
遇變紀畧一卷　(明)聾道人(徐應芬)撰
滄洲紀事一卷　(清)程正揆撰
僞官據城記一卷　(清)王度撰
歷年城守記一卷　(清)王度撰
北使紀畧一卷　(明)陳洪範撰
宏光朝僞東宮僞后及黨禍紀畧一卷　(清)戴名世撰
宏光乙酉揚州城守紀畧一卷　(清)戴名世撰
揚州十日記一卷　(清)王秀楚撰
東塘日劄二卷　(清)朱子素撰
江陰城守紀二卷　(清)韓菼撰
江陰守城記一卷　(清)許重熙撰
平吳事畧一卷　(清)南園嘯客撰
甲行日注八卷　(明)木拂(葉紹袁)撰
倣指南錄一卷　(明)范康生撰

閩游月記二卷　(明)華廷獻撰
劉公旦先生死義記一卷　(明)吳下逸民撰
航海遺聞一卷　(明)汪光復撰
風倒梧桐記二卷　(明)何是非撰
江變紀畧二卷　(清)徐世溥撰
兩粵夢遊記一卷　(明)馬光撰
粵中偶記一卷　(明)華復蠡撰
庚寅十一月初五日始安事畧一卷　(清)瞿元錫撰
入長沙記一卷　(清)丁大任撰
錢氏家變錄一卷　(清)錢孫愛撰
平定耿逆記一卷　(清)李之芳撰
四王合傳一卷　(清)口口撰
明亡述畧二卷　(清)鎖綠山人撰

荆駝逸史五十種　S二〇五三

(清)陳湖逸士編　李遜之輯　清道光古槐山房活字印本　二冊一函　鈐「固安賈氏藏書印」朱文方印　「君王」朱文方印　「賈廷琳印」白文方印

存七種九卷

江陰城守紀二卷　(清)韓菼撰
江陰守城記一卷　(清)許重熙撰
平吳事畧一卷　(清)南園嘯客撰
倣指南錄一卷　(明)范康生撰
閩游月記二卷　(明)華廷獻撰
劉公旦先生死義記一卷　(明)吳下逸民撰
航海遺聞一卷　(明)汪光復撰

湖防私記三卷趙景賢列傳一卷私記餘事一卷 (清)宋韻初撰　清光緒十三(一八八七)年金吳瀾活字印本　一冊一函　框高一四·六厘米　廣一〇·六厘米　九行二十一字黑口左右雙邊　清光緒十三年俞樾序　鈐「周氏叔弢」朱文方印　「張竟仁印」白文方印　「樹聲」朱文方印　「王樹聲印」白文方印 S二一二〇

江蘇兵事紀略一卷 (清)陳作霖撰　一九二〇年江寧龔肇新活字印本　一冊一函　框高二〇·八厘米　廣一三·六厘米　十行二十三字白口左右雙邊單黑魚尾　一九二〇年龔肇新跋　鈐「周氏叔弢」朱文方印　「雲書之印」白文方印　周叔弢捐贈 S二〇五一

國朝事略□卷 不著撰人　清光緒活字印本　二冊一函　框高一九·九厘米　廣一二·九厘米　九行二十五字下黑口四週單邊單黑魚尾　鈐「伏氏藏書」朱文方印 S二〇五七

海外慟哭記一卷 不著撰人　一九一三年西泠印社活字印本　一冊　框高一八厘米　廣一三·三厘米　十一行十九字白口左右雙邊單黑魚尾版心下鐫「西泠印社活字本」 P三七六〇三

詔令奏議類

硃批諭旨一百十二卷 （清）范時繹等撰 世宗胤禛批 清活字朱墨套印本 一一二冊十八函 框高二〇・六厘米 廣一六・一厘米 十行二十一字白口四週雙邊單黑魚尾 S八三二二

會通館校正宋諸臣奏議一百五十卷 （宋）趙汝愚輯 明弘治華燧會通館銅活字印本 一冊一函 框高二四・一厘米 廣一六・一厘米 九行十七字黑口四週雙邊單黑魚尾版心上鐫「奏議」 Z五一

存二卷 三十三至三十四

宋包孝肅公奏議十卷 （宋）包拯撰 清道光問朝宗書室活字印本 四冊一函 框高二〇厘米 廣一三厘米 九行二十四字白口四週單邊單黑魚尾版心下鐫「朝宗書室」 封面鐫「朝宗書室聚珍」 鈐「周氏叔弢」朱文方印 周叔弢捐贈 S二一二四

包孝肅公奏議十卷 （宋）包拯撰 清光緒三十一（一九〇五）年活字印本 二冊一函 框高二三・三厘米 廣一五・四厘米 九行二十二字白口四週單邊單黑魚尾 封面鐫「光緒乙巳桂秋重刊」 S二一二三

宋李忠定公奏議選十五卷附李忠定公本傳 （宋）李綱撰 （明）左光先選 清朝宗書室活字印本 四冊一函 框高一九・九厘米 廣一三・一厘米 九行二十四字白口四週單邊單黑魚尾版心下鐫「朝宗書室」 封面鐫「朝宗書室聚珍」 鈐「周氏叔弢」朱文方印 周叔弢捐贈 S二一二五

諫草二卷 （明）侯先春撰　清光緒六（一八八〇）年活字印本　二册一函　框高二三厘米　廣一六·七厘米　九行二十字白口四週單邊單黑魚尾　清光緒六年侯晟跋　書名依版心　S二一二六

三公奏議二十一卷 （清）盛宣懷輯　清光緒二（一八七六）年思補樓活字印本　二十册二函　框高一三·三厘米　廣一〇厘米　九行二十一字白口左右雙邊　封面鐫『光緒丙子仲冬　思補樓校印』　書名依封面　鈐『周氏叔弢』朱文方印　周叔弢捐贈　S二一二三

林文忠公奏議六卷 （清）林則徐撰

胡文忠公奏議六卷 （清）胡林翼撰

曾文正公奏議八卷補遺一卷 （清）曾國藩撰

傳記類

毘陵人品記十卷 （明）吴亮撰　一九三六年毘陵毛氏活字印本　四册一函　框高一九·七厘米　廣一三·七厘米　九行二十一字小字雙行字同下黑口四週單邊單黑魚尾　封面牌記鐫『丙子仲春毘陵毛氏重刊』　一九三六年文粹跋　鈐『仲省無恙』白文方印　『文粹』朱文方印　S二〇六〇

史外三十卷卷首一卷 （清）汪有典撰　盧自濱重校　一九二六年夏斯鼎活字印本　十册一函　框高一七·五厘米　廣一一·一厘米　九行二十二字白口四週雙邊單黑魚尾　封面　S二一〇五

牌記鐫『丙寅年仲冬夏斯鼎重印』民國十五年盧自濱序　鈐『周氏叔弢』朱文方印　周叔弢捐贈

前明忠義別傳三十二卷

(清)汪有典編　清道光二十五(一八四五)年墨花齋活字印本　六冊一函　框高一九厘米　廣一一·六厘米　九行二十二字白口左右雙邊單黑魚尾　封面鐫『道光乙巳首夏　墨花齋聚珍版』清道光二十五年邵廷烈跋　鈐『靜妙齋藏書』朱文方印　『一六淵海』朱文方印　S二〇五九

國朝漢學師承記八卷附國朝經師經義目錄一卷

(清)江藩撰　譚瑩玉校　清光緒二(一八七六)年活字印本　二冊一函　框高二〇·一厘米　廣一一·七厘米　九行二十一字黑口四週單邊　封面鐫『光緒二年仲秋　聚珍板印行』　鈐『惕庵』朱文圓印　S二〇五八

畫林新詠三卷補遺一卷

(清)陳雲伯撰　一九一五年西泠印社活字印本　四冊一夾　框高一七·一厘米　廣一二·三厘米　十行十八字白口左右雙邊單黑魚尾版心下鐫『西泠印社吳氏聚珍版』　封面牌記鐫『乙卯孟秋西泠印社聚珍版本』　P三七六一七

旌表事實姓氏錄

(清)吳大澂等輯　清同治七(一八六八)年採訪局活字印本　四冊一函　框高一九·六厘米　廣一三·七厘米　九行二十一字白口四週單邊單黑魚尾　封面鐫『同治七年十二月　採訪局印行』清同治八年彭福保跋　書名依封面　S二〇五六

孝弟續錄二卷

(清)江青輯　王應奎等校　清求志齋活字印本　一冊一函　框高一八厘米　廣一一·八厘米　九行二十一字白口左右雙邊單黑魚尾版心下鐫『求志齋本』　S二五八一

飛白録二卷　(清)陸紹曾　張燕昌撰　一九一八年活字印靜園叢書本　二册一夾　框高一七・三厘米　廣一二・三厘米　十行十八字白口左右雙邊單黑魚尾版心下鐫『靜園叢書』　封面鐫『戊午九月』　P三七五九三

東陽崇祀郷賢録一卷　(清)張振珂撰　清光緒五(一八七九)年活字印本　一册一函　框高二一・六厘米　廣一五厘米　九行二十一字白口四週雙邊單黑魚尾　卷末有光緒五年張振珂題後　鈐『張振珂印』白文方印　P三七六一〇

孟志編略五卷卷末一卷　(清)孫葆田撰　清光緒十四(一八八八)年活字印本　一册一函　框高一三・三厘米　廣九・三厘米　九行二十三字黑口左右雙邊單黑魚尾　封面鐫『光緒戊子孟冬用聚珍板排印』　卷末有光緒十四年孫葆田識文　鈐『紹興金立齋先生贈崇化學會寶藏』朱文長方印　S二〇六五

思賢録八卷　(元)謝應芳編　(明)謝量增訂　清光緒十一(一八八五)年活字印本　二册一函　九行二十五字白口左右雙邊單黑魚尾　框高一九・一厘米　廣一三・八厘米　封面鐫『光緒甲申重刊』　卷末有光緒十一年謝昌爵跋　六卷至八卷爲續録　鈐『護封』白文方印　『李爲揚印』朱文方印　S二〇六三

思賢録八卷　(元)謝應芳編　(明)謝量增訂　清光緒十一(一八八五)年活字印本　二册一函　S二〇六四

陳節愍公忠節錄二卷　(明)陳端甫編　一九一七年崇善弘慶堂活字印本　二冊一函　框高二四・一厘米　廣一六・七厘米　十行二十五字白口四週單邊單黑魚尾版心下鐫『崇善弘慶堂』　封面牌記鐫『民國六年丁巳孟冬崇善弘慶堂刊』　卷末有民國六年鄒竟成跋　傳主明陳洽　鈐『周氏叔弢』朱文方印　周叔弢捐贈　S二〇七二

昭潛錄不分卷　(明)應登輯　清同治八(一八六九)年活字印本　一冊一函　框高二二・三厘米　廣一六・三厘米　九行十九字白口四週雙邊雙黑魚尾　書簽鐫『同治己巳重刊』　傳主明應奎　S二二三一

憬喦軼事記一卷　(清)方江輯　清同治十一(一八七二)年活字印本　一冊一函　框高一八・五厘米　廣一二・二厘米　八行十八字白口四週單邊雙黑魚尾　清同治十一年李鴻章序　傳主清方奎炯　S二五九一

四山響應錄不分卷　(清)馮惟羹等撰　清光緒二十二(一八九六)年活字印本　一冊一函　框高一三・四厘米　廣一七厘米　九行二十一字白口四週單邊單黑魚尾　清光緒二十二年呂鍔跋　書名依版心　傳主清石治棠　鈐『周氏叔弢』朱文方印　周叔弢捐贈　S二〇〇〇

吴柳堂先生榮哀錄不分卷　(清)傅雲龍等撰　合成報房活字印本　一冊一函　十行二十二字無格無邊欄　卷末牌記鐫『板存合成報房』　書名本館自擬　鈐『周氏叔弢』朱文方印　周叔弢捐贈　S一九九七

雙仙小志不分卷　(清)謝祖芳輯　清光緒二十八(一九〇二)年活字印本　二冊一函　框高一六厘米　廣一二厘米　八行二十一字下黑口左右雙邊單黑魚尾　卷末有清光緒二十八年謝泳跋　S二〇六八

書名依版心　傳主清謝靜華　謝靜薇　鈐『周氏叔弢』朱文方印　周叔弢捐贈

哀錄二卷　蔣汝中編　清光緒三十(一九〇四)年金陵宜春閣活字印本　一冊一函　框高一五·七厘米　廣一一厘米　十一行二十字上黑口單黑魚尾　卷末牌記鐫『金陵狀元境中街宜春閣活字聚珍』　清光緒三十年劉文煜跋　書名依版心　傳主清蔣紹由　S二〇六七

哀錄二卷　蔣汝中編　清光緒三十(一九〇四)年金陵宜春閣活字印本　一冊一函　S二〇七〇

三省軒自記不分卷　(清)王世恩撰　清光緒十一(一八八五)年活字印本　一冊一函　框高二〇·四厘米　廣一三·八厘米　八行二十一字白口四週雙邊單黑魚尾　封面鐫『三省軒自述　光緒乙酉中秋』　清光緒十一年王仲華序　傳主清王世恩　鈐『周氏叔弢』朱文方印　『仲華』朱文方印　周叔弢捐贈　S二〇七一

張氏家乘附錄不分卷　張軼歐輯　一九一九年活字印本　一冊一函　框高二二·九厘米　廣一四·七厘米　九行二十二字白口四週單邊单黑鱼尾　民國八年張軼歐張公鉞先生祠記　傳主張家玉　S二一六二

至聖譜考一卷附聖門弟子考一卷諸家論辨解一卷　(清)徐慎安輯　清光緒三(一八七七)年活字印本　一冊一函　框高二二·六厘米　廣一五·八厘米　九行二十二字白口四週單邊單黑魚尾　清光緒三年劉紀增跋　S二〇六六

孝侯公年譜一卷簡惠公年譜一卷　(清)周湛霖輯　清光緒七(一八八一)年活字印本　一冊一函　框高二四·四厘米　廣一六·五厘米　十行二十二字小字雙行字同下黑口四週雙邊單黑魚尾　清光緒七年周家楣跋　譜主漢周處　宋周葵　S二〇七九

楊忠愍公自著年譜一卷附遺訓紀略一卷　(明)楊繼盛撰　清光緒七(一八八一)年慎思樓活字印本　一冊一函　框高一九·二厘米　廣一二·五厘米　十行二十四字白口左右雙邊雙黑魚尾版心上鐫「年譜」中鐫「慎思樓鐫板」　封面鐫「光緒辛巳重鐫　楊忠愍公遺訓　皖松樹德堂梓」　卷末有清光緒七年慎思樓居士跋　鈐「周氏叔弢」朱文方印　周叔弢捐贈　S二二〇五

高忠憲公年譜二卷　(清)高世甯編　高世泰訂　一九一二年活字印本　一冊一函　框高一九·九厘米　廣一四·四厘米　七行二十字小字雙行字同白口四週單邊單黑魚尾　書皮鐫「高子年譜」　有一九一二年高鑅泉跋　譜主明高攀龍　S二〇八三

節愍華公年譜二卷卷首一卷卷末一卷　(清)華衷黄撰　華玉澄補編　王佶較　清光緒二十五(一八九九)年存裕堂活字印本　一冊一函　框高二三·七厘米　廣一六·二厘米　九行二十二字白口四週單邊單黑魚尾版心下鐫「存裕堂」　清光緒八年華鴻謨跋　卷末有光緒二十五年華鴻謨誌　譜主明華允誠　S二七〇六

金正希先生年譜一卷　(清)劉洪烈撰　清光緒二十三(一八九七)年兩湖書院活字印本　一冊　框高一九·五厘米　廣一三·五厘米　九行二十字小字雙行字同下黑口四週雙邊單　P二三七一四

黑魚尾　封面牌記鐫『光緒丁酉冬兩湖書院聚珍版排印』

S二〇七四　**響泉年譜不分卷**　(清)顧光旭撰　清光緒二十三(一八九七)年活字印本　一冊一函　框高一七・三厘米　廣一一・八厘米　九行二十五字黑口左右雙邊單黑魚尾　清光緒二十三年顧森書跋　譜主清顧光旭

S二〇七五　**響泉年譜不分卷**　(清)顧光旭撰　清光緒二十三(一八九七)年活字印本　一冊一函

S二〇七八　**舜山是仲明先生年譜一卷附薦舉疏一卷**　(清)張敬立編　清光緒十三(一八八七)年金吳瀾活字印本　二冊一函　框高一四・六厘米　廣一〇・六厘米　九行二十一字黑口左右雙邊雙黑魚尾　清光緒十三年金吳瀾跋　有像

S二〇八一　**舜山是仲明先生年譜一卷附薦舉疏一卷**　(清)張敬立編　清光緒十三(一八八七)年金吳瀾活字印本　二冊一函

S二〇七六　**左杏莊自敘年譜一卷**　(清)左輔撰　清道光間活字印本　一冊一函　框高一九・九厘米　廣一四・二厘米　九行十九字白口四週單邊單黑魚尾版心上鐫『年譜』『續年譜』

S二〇八〇　**武進李申耆先生年譜三卷小德錄一卷**　(清)蔣彤編　清光緒十三(一八八七)年金吳瀾活字印本　二冊一函　框高一四・六厘米

廣一〇厘米　九行二十一字黑口左右雙邊雙黑魚尾　清光緒十二年金吳瀾跋　鈐『周氏叔弢』朱文方印　『悦之齋各種書』朱文方印　周叔弢捐贈　有像

武進李申耆先生年譜三卷小德録一卷　（清）蔣彤編　清光緒十三（一八八七）年金吳瀾活字印本　二册一函　S二六九九

武進李申耆先生年譜三卷小德録一卷　（清）蔣彤編　清光緒十三（一八八七）年金吳瀾活字印本　一册　周叔弢捐贈　S二〇七三
存二卷　一至二

方元徵年狀一卷附趙太宜人行述　（清）方楷撰　清末活字印本　一册一函　框高一九・一厘米　廣一三・二厘米　九行二十字白口左右雙邊單黑魚尾版心上鐫『年狀』『行述』　鈐『周氏叔弢』朱文方印　周叔弢捐贈　S二〇八四

建文年譜四卷附後事一卷　（清）趙士喆撰　清道光二十九（一八四九）年味塵軒活字印本　四册一函　框高一七・六厘米　廣一三・三厘米　九行二十字白口左右雙邊單黑魚尾版心下鐫『味塵軒叢書』　封面鐫『道光己酉秋七月　味塵軒聚珍版』　P三七六一四

夢痕録要一卷　高鑅泉撰　一九一四年活字印本　一册一函　框高二一・一厘米　廣一三・八厘米　九行二十字白口四週單邊單黑魚尾　有民國三年孫守銘序　譜主高鑅泉　S二〇七七

秦輶日記一卷 (清)潘祖蔭撰 一九一四年西泠印社活字印本 一冊一函 框高一四·三厘米 廣一一厘米 九行十五字小字雙行字同白口左右雙邊單黑魚尾 一九一四年吳隱跋 S二〇八五

昭遺堂世德錄不分卷 顧玉書輯 一九一三年活字印本 一冊一函 框高二二厘米 廣一五·七厘米 十行二十三字白口四週單邊單黑魚尾 一九一三年顧玉書識 鈐「周氏叔弢」朱文方印 周叔弢捐贈 S二〇八六

清芬館贈言不分卷 (清)謝駿德輯 清光緒二(一八七六)年活字印本 一冊一函 框高二二厘米 廣一二·八厘米 八行二十字白口四週單邊單黑魚尾 清光緒二年董沛序 書名依版心 鈐「周氏叔弢」朱文方印 周叔弢捐贈 S二〇八八

查氏一門烈女編一卷 (清)查禮編 清光緒二十五(一八八九)年活字印本 一冊一函 框高一八·七厘米 廣一一·七厘米 九行二十字黑口四週雙邊單黑魚尾 清光緒二十五年查恩綏跋 鈐「周氏叔弢」朱文方印 周叔弢捐贈 S二〇八七

紀事續編四卷 (清)尹景叔輯 清光緒二十六(一八六七)年六有堂活字印本 二冊一函 框高二〇·二厘米 廣一三·三厘米 八行十八字無格白口四週雙邊單黑魚尾版心下鐫「六有堂」 清光緒二十六年周恭壽序 鈐「周氏叔弢」朱文方印 周叔弢捐贈 S二〇八九

忻氏兩世旌節事畧一卷 忻錦崖编 清宣統二(一九一〇)年活字印本 一册一函 框高一八·四厘米 廣一四·三厘米 十行二十一字白口四週雙邊單黑魚尾 封面牌記鐫「宣統二年庚戌仲春三月排印」 S二〇一六

卞氏族譜十六卷 卞久等續修 一九四〇年忠孝堂活字印本 二十冊四函 框高二四·三厘米 廣一六厘米 十行二十一字白口四週單邊单黑鱼尾版心下鐫「忠孝堂」 封面鐫「民國庚辰重修 忠孝堂排印」 S二〇九三

南隅花廳王氏宗譜十卷卷首一卷 (清)王葆初修 王樂胥纂 清光緒十六(一八九〇)年活字印本 十冊二函 框高一九·二厘米 廣一三·八厘米 九行二十一字白口四週雙邊單黑魚尾版心下鐫「光緒庚寅刊本」 S一九七八

毛氏族譜十五卷 毛澤啓纂修 一九四一年西河堂活字印本 二十二冊三函 框高二三·八厘米 廣一五·五厘米 八行十九字世系表六行分四欄字不等小字雙行白口四週雙邊單黑魚尾版心上鐫「韶山毛氏族譜」下鐫「西河堂」 封面鐫「韶山毛氏族譜 民國辛巳四修 西河堂家藏」 鈐「西河堂癸卯年驗」朱文方印 S二〇九二

山陰白洋朱氏宗譜三十二卷卷首一卷 (清)朱曾三等纂修 清光緒二十一(一八九五)年玉泉堂活字印本 二十八冊四函 框高二三·四厘米 廣一五·八厘米 九行二十五字白口四週雙邊版心下鐫「玉泉堂嗣古原」 封面牌記鐫「光緒二十一年乙未年春敬刊玉泉堂珍藏」 S一九八〇

錢塘沈氏家乘十卷 (清)沈紹勳輯 沈祖緜增輯 一九一九年西泠印社活字印本 四冊一函 框高一七·一厘米 廣一二·一厘米 十行十八字白口四週單邊單黑魚尾 封面鐫「己未仲春以西泠印社仿宋聚珍版排印」 鈐「孫毓修印」白文方印 S二〇九〇

汪氏宗譜六卷 汪承浩纂修 一九二四年永思堂活字印本 六冊一函 框高三二·七厘米 廣二一·四厘米 十四行三十字白口四週雙邊單黑魚尾版心下鐫『永思堂修』 一九二四年汪承浩敘 S二七一七

汪氏登原藏稿不分卷 （清）汪名儒等輯 登原題詠略三卷附錄一卷首一卷 （清）汪澤輯 清光緒二十二（一八九六）年東作門敦敘祠活字印本 四冊一夾 框高二二·六厘米 廣一四·六厘米 九行二十五字白口四週雙邊單黑魚尾 封面牌記鐫『光緒丙申秋月仿聚珍版印於東作門敦敘祠』 P三七六〇九

紫溪邵氏房譜不分卷 一九三二年活字印本 一冊一函 框高二二·四厘米 廣一六·七厘米 九行字不等有眉欄白口四週雙邊單黑魚尾版心下鐫『民國壬申年重修』 S一九七一

荊川明經胡氏五義堂宗譜十六卷卷首一卷卷末一卷 （清）胡學先等修 胡良圖等纂 清光緒十（一八八四）年活字印本 十二冊二函 框高二八·七厘米 廣二〇·六厘米 九行二十五字白口左右雙邊單黑魚尾版心上鐫『明經胡氏宗譜』下鐫『五義堂』 封面鐫『光緒甲申續修 荊川五義堂鐫』 S一九八一

鄞縣西袁氏家乘三十卷附世系通檢圖二卷 袁丙熊 袁乃彬撰 一九二八年敦本堂活字印本 十六冊二函 框高二二·六厘米 廣一五·五厘米 十行二十六字白口左右雙邊單黑魚尾版心上鐫『西袁氏家乘』下鐫『敦本堂』 封面牌記鐫『中華民國十七年戊辰孟冬用活字板開印』 S二七一八

越城江橋陳氏宗譜不分卷　陳蕺等纂修　一九三二年活字印本　四冊一函　框高二三·四厘米　廣一五·五厘米　九行二十一字白口四週單邊單黑魚尾版心下鐫「德星堂」　封面牌記鐫「民國二十一年　歲次壬申仲春重修」　S一九七九

山陰丁巷傅氏宗譜六卷　丁秉昌等纂修　一九三七年百歲堂活字印本　六冊一函　框高二四·一厘米　廣一六厘米　十行二十一字白口四週雙邊單黑魚尾版心上鐫「紹興丁巷傅氏宗譜」下鐫「百歲堂」　民國二十六年張岑丁巷傅氏續修宗譜序　S一九七六

續輯上虞通明錢氏衍慶譜八卷　錢峴元修　錢金鼇等纂　清宣統元（一九〇九）年活字印本　六冊一函　框高三〇厘米　廣二一·六厘米　十二行二十六字白口四週雙邊單黑魚尾版心上鐫「錢氏衍慶譜」下鐫「通明支」　封面牌記鐫「宣統元年歲在己酉季秋竣板」　S一九八二

奇姓通十四卷　（明）夏樹芳輯　陳繼儒校　一九三三年陶社活字印本　四冊一函　框高一八·六厘米　廣一三·八厘米　十一行二十一字白口四週雙邊單黑魚尾版心下鐫「陶社校刊」　封面鐫「癸酉仲夏」　民國二十二年謝鼎鎔跋　鈐「周氏叔弢」朱文方印　周叔弢捐贈　S二〇九六

奇姓通十四卷　（明）夏樹芳輯　陳繼儒校　一九三三年陶社活字印本　四冊一函　S二〇九七

增補姓氏四六八卷　(清)周謨撰　周勛增　葉騰驤補　清道光二十(一八四〇)年品石山房活字印本　四冊一函　框高一八・七厘米　廣一一・七厘米　八行二十字小字雙行字同白口四週雙邊单黑魚尾版心上鐫「姓氏四六」　封面鐫「道光庚子年新鐫　品石山房存板」　清道光二十年徐渭年序　鈐「周氏叔弢」朱文方印　周叔弢捐贈　S二〇九五

史姓韻編六十四卷　(清)汪輝祖撰　清活字印本　二十四冊四函　框高一九・三厘米　廣一三・六厘米　上下兩欄上欄八行三字下欄注文小字双行十六字黑口四週單邊单黑魚尾　鈐「繩父」朱文圓印　S二〇九四

芹香錄一卷　(清)徐葆辰輯　清光緒三十二(一九〇六)年活字印本　一冊一函　框高二一・一厘米　廣一四厘米　八行二十字白口四週雙邊單黑魚尾　封面鐫「光緒丙午秋月　聚珍板印　同學校印」　鈐「周氏叔弢」朱文方印　周叔弢捐贈　S二〇九九

錫金科第攷六卷附年表　(清)高鍒泉輯　顧銘書參　張慶淦校　清宣統二(一九一〇)年活字印本　二冊一函　框高二二厘米　廣一四・五厘米　九行二十二字白口四週單邊單黑魚尾　清宣統二年朱鑑章序　鈐「周氏叔弢」朱文方印　周叔弢捐贈　S二〇九八

江南實業學堂普通畢業同學錄一卷　江南實業學堂編　清光緒三十二(一九〇六)年金陵宜春閣排印書局活字印本　一冊一函　框高一九・八厘米　廣一二・八厘米　九行二十五字小字雙行字同下黑口四週單邊單黑魚尾　卷末牌記鐫「金陵狀元境宜春閣排印書局」　書名依序　鈐「周氏叔弢」朱文方印　周叔弢捐贈　S二〇六一

史抄類

南北史捃華八卷　（清）周嘉猷輯　清同治十一（一八七二）年南園寄社活字印本　四冊一函　框高一八厘米　廣一三・六厘米　九行二十字下黑口四週雙邊單黑魚尾　封面牌記鐫「同治壬申南園寄社排印」　清同治十一年黎原超序　鈐「周氏叔弢」朱文方印　周叔弢捐贈　S二一〇〇

南北史捃華八卷　（清）周嘉猷輯　清同治十一（一八七二）年南園寄社活字印本　四冊一函　S二一〇四

南北史捃華八卷　（清）周嘉猷輯　清同治十一（一八七二）年南園寄社活字印本　四冊一函　P三七五〇八

時令類

月令粹編二十四卷圖說一卷　（清）秦嘉謨撰　清光緒九（一八八三）年皖省聚文書坊活字印本　八冊一函　框高一〇・六厘米　廣七・七厘米　七行字不等小字雙行二十三字黑口四週雙邊雙黑魚尾　封面鐫「光緒九年皖省聚文書坊較印」　鈐「蟫香館藏書」朱文長方印　P三七六二五

地理類

一統志案説十六卷

(清)顧炎武撰　徐乾學纂　清道光七(一八二七)年清芬閣活字印本　六冊一函
框高二〇・六厘米　廣一四・七厘米　九行二十字白口左右雙邊單黑魚尾版心下鐫
『清芬閣』　清道光七年張青選序　鈐『周氏叔弢』朱文方印　『南城李氏宜秋館藏』朱文方印　周叔弢捐贈

S二一三四

一統志案説十六卷

(清)顧炎武撰　徐乾學纂　清道光七(一八二七)年清芬閣活字印本　佚名校　六
冊一函

S二九〇五

天下郡國利病書一百二十卷

(清)顧炎武撰　清道光十四(一八三四)年山東雅鑒齋活字印
本　七十四冊八函　框高二〇・五厘米　廣一四・四厘米　九行
二十二字白口四週雙邊單黑魚尾　封面鐫『道光甲午山東省城雅鑒齋重倣刊聚珍版』　鈐『周氏叔弢』朱文方
印　『孝經一卷人家』白文方印　周叔弢捐贈

S二一三二

天下郡國利病書一百二十卷

(清)顧炎武撰　清道光十四(一八三四)年山東雅鑒齋活字
印本　七十四冊八函

S二一三三

歷代地理志韻編今釋二十卷皇朝輿地韻編二卷 （清）李兆洛輯 六承如編 清道光十七（一八三七）年蕫學齋活字印本 八冊一函 框高一八·九厘米 廣一三·四厘米 八行二十二字小字雙行字同白口四週雙邊單黑魚尾 封面鐫「蕫學齋集印」 清道光十七年毛嶽生序 鈐「周氏叔弢」朱文方印 周叔弢捐贈 S二一三七

三國郡縣表八卷 （清）吳增僅撰 清光緒二十一（一八九五）年活字印本 四冊一函 框高二二·五厘米 廣一五·二厘米 十行二十六字小字雙行字同下黑口左右雙邊單黑魚尾 清光緒二十二年秦其增識文 鈐「周氏叔弢」朱文方印 「關國春」白文方印 周叔弢捐贈 S二一三五

（咸豐）和林格爾城志四卷 （清）德齡纂修 清咸豐二（一八五二）年活字印本 三冊一函 框高一八·六厘米 廣一三·二厘米 八行十九字白口四週單邊單黑魚尾 版心上鐫「和林格爾城廳志」 清咸豐二年德齡序 F二八七四

（宣統）新修固原直隸州志十二卷 （清）王學伊修 錫麟纂 清宣統元（一九〇九）年官報書局活字印本 十二冊一函 框高一八·七厘米 廣一二厘米 十行二十四字白口四週雙邊單黑魚尾版心上鐫「固原州志」下鐫「官報書局排印」 封面鐫「新修固原州志」 封面牌記鐫「光緒丁未開修宣統己酉告成」 F三八三二

（光緒）耒陽鄉土志二卷 （清）劉奎纂 清光緒三十二（一九〇六）年學務辦公所活字印本 二冊一函 框高一九·八厘米 廣一二·一厘米 十行二十四字白口四週雙邊單黑魚尾 封面鐫「光緒丙午冬月學務辦公所刊」 F二〇八〇

(宣統)新疆圖志一百十六卷卷首一卷　袁大化修　王樹枏　王學曾纂　清宣統三(一九一一)年活字印本　一百十七冊五函　框高一九・七厘米　廣一三・九厘米　九行二十一字小字雙行字同白口四週單邊單黑魚尾　清宣統三年袁大化序　F四〇五一

(宣統)新疆圖志一百十六卷卷首一卷　袁大化修　王樹枏　王學曾纂　清宣統三(一九一一)年活字印本　六十四冊八函　F二八八四

吳郡圖經續記三卷校勘記一卷續校附補校一卷　(宋)朱長文撰　清咸豐四(一八五四)年取斯家塾活字印本　一冊一函　框高一九・三厘米　廣一三・二厘米　九行二十一字黑口四週單邊單黑魚尾續校版心下鐫「取斯家塾」　清咸豐四年胡珽校勘後記　鈐「周氏叔弢」朱文方印　周叔弢捐贈　S二一三六

相城小志六卷　陶惟坻修　施兆麟纂　一九三〇年活字印本　二冊一函　框高二二・八厘米　廣一五・四厘米　十一行三十字小字雙行字同白口四週單邊單黑魚尾　封面鐫「庚午古歷孟夏」　鈐「周氏叔弢」朱文方印　周叔弢捐贈　S二一四五

相城小志六卷　陶惟坻修　施兆麟纂　一九三〇年活字印本　二冊一函　S二一四六

(乾隆)常昭合志十二卷卷首一卷校勘記一卷　(清)王錦　楊繼熊修　言如泗等纂　清光緒二十四(一八九八　F一四九二

八)年活字印本　十四冊二函　框高一七・五厘米　廣一二・五厘米　十行二十四字小字雙行字同白口四週單邊單黑魚尾　封面牌記鐫『光緒戊戌仲春用聚珍版重印』　清光緒二十四年季亮時　丁祖陰序　鈐『任振采所收方志之一』朱文長方印　任振采捐贈

琴川三志補記十卷續八卷　(清)黃廷鑑纂　清光緒二十四(一八九八)年季亮時活字印本　四冊一函　框高一六・八厘米　廣一二・七厘米　十行二十一字黑口四週單邊單黑魚尾版心中鐫『補記』　清光緒二十四年季亮時序　鈐『周氏叔弢』朱文方印　周叔弢捐贈　S二一三九

(光緒)常昭合志稿四十八卷卷首一卷卷末一卷　(清)鄭鍾祥　張瀛修　龐鴻文纂　清光緒三十(一九〇四)年活字印本　十六冊二函　框高一八厘米　廣一三・四厘米　十行二十四字白口四週單邊單黑魚尾　封面牌記鐫『光緒甲辰活版排印』　鈐『任振采所收方志之一』朱文長方印　任振采捐贈　F一四九三

(光緒)錫金識小錄十二卷　(清)黃印纂　清光緒二十二(一八九六)年活字印本　六冊一函　框高一六・八厘米　廣一三・二厘米　十一行二十四字小字雙行字同白口左右雙邊單黑魚尾　封面鐫『光緒丙申年鋟板』　清光緒二十二年王念祖敘　鈐『周氏叔弢』朱文方印　『卓夫所有』朱文方印　『秦振鎬印』朱文方印　S二一四一

(光緒)錫金識小錄十二卷　(清)黃印纂　清光緒二十二(一八九六)年活字印本　六冊一函　鈐『錫山吳氏無悶心賞』朱文長方印　S二一四二

（道光）錫金考乘十四卷卷首一卷　（清）周有壬纂　清同治九（一八七〇）年世瑞堂活字印本　四册一函　框高二〇·五厘米　廣一三·三厘米　十行二十字白口四週單邊單黑魚尾　封面鐫「世瑞堂藏」　F一三四〇

錫金續識小錄六卷　竇鎮編　一九二五年活字印本　二册一函　框高一七·八厘米　廣一二·七厘米　九行二十三字下黑口四週雙邊單黑魚尾　封面牌記鐫「乙丑孟冬之月校印」　鈐「周氏叔弢」朱文方印　周叔弢捐贈　S二一四三

錫金續識小錄六卷　竇鎮編　一九二五年活字印本　二册一函　S二一四四

錫金鄉土地理二卷　不著撰人　清末無錫藝文齋活字印本　一册一函　框高二〇·三厘米　廣一四厘米　九行二十一字小字雙行字同白口四週單邊單黑魚尾　卷末牌記鐫「無錫藝文齋排印」　鈐「周氏叔弢」朱文方印　周叔弢捐贈　S二一四〇

錫金鄉土地理二卷　不著撰人　清末無錫藝文齋活字印本　一册一函　F一三四四

（嘉慶）溧陽縣志十六卷圖一卷　（清）李景嶧　陳鴻壽修　史炳　史津等纂　清光緒二十二（一八九六）年活字印本　十册二函　框高二〇·二厘米　廣一五·五厘米　十一行二十三字小字雙行字同白口左右雙邊單黑魚尾　封面鐫「光緒丙申重刊」　卷末有清光緒二十二年楊志立跋　鈐「任振采所收方志之一」朱文長方印　任振采捐贈　F一三七五

(光緒)溧陽縣續志十六卷續補一卷　(清)朱畯等修　馮煦等纂　清光緒二十五(一八九九)年活字印本　八册一函　框高二〇·二厘米　廣一五·四厘米　十一行二十三字小字雙行字同白口左右雙邊單黑魚尾　封面鐫「光緒丁酉續纂　己亥歲刊」　清光緒二十三年馮煦敘　鈐「任振采所收方志之一」朱文長方印　任振采捐贈　F一三七六

(光緒)金壇縣志十六卷卷首一卷　(清)夏宗彝修　汪國鳳纂　清光緒十一(一八八五)年活字印本　十二册二函　框高二二·一厘米　廣一五·九厘米　九行二十一字小字雙行十九字白口四週單邊單黑魚尾　封面鐫「光緒乙酉季夏重修」　清光緒十一年夏宗彝序　F三九〇五

(光緒)金壇縣志十六卷卷首一卷　(清)夏宗彝修　汪國鳳纂　清光緒十一(一八八五)年活字印本　十二册一函　F一三七二

(康熙)常州府志三十八卷卷首一卷附校勘記一卷　(清)于琨修　陳玉璂纂　清光緒十二(一八八六)年活字印本　二十二册二函　框高一七·五厘米　廣一三·六厘米　十行二十一字白口左右雙邊單黑魚尾　封面牌記鐫「光緒十二年聚珍版翻印」　鈐「任振采所收方志之一」朱文長方印　任振采捐贈　F一二七五

(道光)武進陽湖縣合志三十六卷卷首一卷 (清)孫琬 王德茂修 李兆洛 周儀暐纂 清光緒十二(一八八六)年活字印本 三十冊四函 框高一七·五厘米 廣一三·六厘米 十行二十五字白口左右雙邊單黑魚尾 封面鐫『光緒十二年聚珍版翻印』 鈐『任振采所收方志之一』朱文長方印 任振采捐贈 F一三五五

(光緒)武陽志餘十二卷首一卷 (清)金士準等修 莊毓鋐 陸鼎翰纂 **團練紀實一卷** (清)金吳瀾修 莊毓鋐 薛紹元纂 清光緒十四(一八八八)年活字印本 二十冊二函 框高一七·九厘米 廣一三·六厘米 十行二十三字小字雙行字同白口左右雙邊單黑魚尾版心上鐫『志餘』 封面鐫『光緒戊子季秋』 清光緒十三年金吳瀾序 書名依封面 鈐『任振采所收方志之一』朱文長方印 任振采捐贈 F一三五七

(嘉慶)增修宜興縣舊志十卷卷首一卷卷末一卷 (清)李先榮原本 阮升基增修 甯楷等增纂 清同治八(一八六九)年活字印本 十冊一函 框高二〇·三厘米 廣一四·三厘米 十行二十二字白口四週單邊單黑魚尾 清同治八年陸鴻遠序 鈐『任振采所收方志之一』朱文長方印 任振采捐贈 F一三六〇

(嘉慶)新修宜興縣志四卷卷首一卷 (清)阮升基修 甯楷纂 清同治八(一八六九)年活字印本 二冊一函 框高二〇·四厘米 廣一四·三厘米 十行二十二字小字雙行二十一字白口四週單邊單黑魚尾 封面鐫『增修宜興荊溪縣志 同治八年集珍』 鈐『任振采所收方志之一』朱文長方印 任振采捐贈 與F一三八八同函 F一三八七

（嘉慶）新修荊溪縣志四卷卷首一卷　（清）唐仲冕修　甯楷纂　清同治八（一八六九）年活字印本　二冊一函　框高二〇·四厘米　廣一四·一厘米　十行二十二字小字雙行二十一字白口四週單邊單黑魚尾　封面鐫「增修宜興荊溪縣志　同治八年集珍」　鈐「任振采所收方志之一」朱文長方印　任振采捐贈　與F三三八七同函

F三三八八

（光緒）增修甘泉縣志二十四卷卷首一卷圖一卷　（清）徐成敟等修　陳浩恩等纂　清光緒七（一八八一）年活字印本　二十冊二函　框高一九·五厘米　廣一三·五厘米　十行二十一字白口左右雙邊單黑魚尾　封面鐫「光緒七年刊」　清光緒六年徐成敟序　鈐「任振采所收方志之一」朱文長方印　任振采捐贈

F一三八七

（咸豐）重修寶應縣志辨一卷　（清）劉贊勳撰　清咸豐元（一八五一）年醉經閣活字印本　二冊一函　框高一九·一厘米　廣一三厘米　八行二十字白口四週單邊單黑魚尾　清咸豐元年劉贊勳敘

F一四〇四

（咸豐）靖江縣志稿十六卷卷首一卷　（清）于作新修　潘泉纂　清咸豐七（一八五七）年活字印本　八冊一函　框高一九·九厘米　廣一四·二厘米　九行二十字白口四週單邊單黑魚尾　清咸豐七年潘泉序

F一三九七

（乾隆）臨安縣志四卷　（清）趙民洽修　許琳纂　清光緒十一（一八八五）年活字印本　四冊一函　框高二四·六厘米　廣一六厘米　十行二十二字小字雙行字同白口四週雙邊單黑魚尾　清光緒十一年趙惟崳序　鈐「任振采所收方志之一」朱文長方印　任振采捐贈

F一六五五

(宣統)臨安縣志八卷卷首一卷卷末一卷　(清)彭循堯修　董運昌　周鼎纂　清宣統二(一九一〇)年活字印本　八冊一函　框高二四·七厘米　廣一六·三厘米　十行二十二字白口四週雙邊單黑魚尾　封面鐫『宣統二年歲次庚戌重修』　清宣統二年彭循堯序　鈐『任振采所收方志之一』朱文長方印　任振采捐贈　F一六五六

(嘉慶)於潛縣志十六卷卷首一卷卷末一卷　(清)蔣光弼修　張變纂　清嘉慶十七(一八一二)年活字印本　六冊一函　框高二一·九厘米　廣一五厘米　九行二十一字小字雙行字同白口四週雙邊單黑魚尾　清嘉慶十七年何太青序　鈐『任振采所收方志之一』朱文長方印　『鳳苞』白文長方印　任振采捐贈　F一六五八

(乾隆)奉化縣志十四卷卷首一卷　(清)曹膏　唐守霦修　陳琦等纂　清光緒活字印本　十冊一函　框高二二·六厘米　廣一五·六厘米　九行二十字白口四週雙邊單黑魚尾　鈐『任振采所收方志之一』朱文長方印　任振采捐贈　F一七〇七

(道光)象山縣志二十二卷卷首一卷文類一卷勘誤表一卷　(清)童立成　吳錫疇修　馮登府纂　一九一五年張鵬霄活字印本　八冊一函　框高二〇厘米　廣一四·七厘米　十一行二十三字小字雙行二十二字白口四週雙邊單黑魚尾　民國四年張鵬霄序　鈐『任振采所收方志之一』朱文長方印　任振采捐贈　F一七一一

(光緒)仙居志二十四卷僊居集二十四卷卷首一卷　(清)王壽頤　潘紀恩修　王棻　李仲昭　F一七三三

纂　清光緒二十（一八九四）年活字印本　十八冊二函　框高二三厘米　廣一四·五厘米　十行二十四字白口四週雙邊單黑魚尾　封面鐫「光緒甲午重修　聚珍版印」

（光緒）仙居志二十四卷僊居集二十四卷卷首一卷　（清）王壽頤　潘紀恩修　王棻　李仲昭纂　清光緒二十（一八九四）年活字印本　十冊一函　F一七三四

存　仙居志二十四卷

（光緒）直隸和州志四十卷卷首一卷補遺一卷　（清）朱大紳修　高照纂　清光緒二十七（一九〇一）年活字印本　十六冊二函　框高一九·六厘米　廣一三·二厘米　十行二十一字小字雙行字同白口四週單邊單黑魚尾　清光緒二十七年張學廣序　鈐「任振采所收方志之一」朱文長方印　任振采捐贈　F一五六四

（嘉慶）盧江縣志十五卷卷首一卷　（清）魏紹源　張焕修　儲嘉珩等纂　清同治七（一八六八）年活字印本　八冊一函　框高二一·二厘米　廣一五厘米　九行十八字白口四週雙邊單黑魚尾　封面鐫「同治七年重刷」　鈐「任振采所收方志之一」朱文長方印　任振采捐贈　F一五三二

（光緒）盧江縣志十六卷卷首一卷　（清）錢鑅修　盧鈺　俞燮奎纂　清光緒十一（一八八五）年活字印本　十六冊二函　框高二二·七厘米　廣　F一五三三

一四・一厘米　十行二十六字白口四週雙邊單黑魚尾　封面牌記鐫『光緒十一年歲次乙酉仲春月』　鈐『任振采所收方志之一』朱文長方印　任振采捐贈

(民國)宿松縣志五十六卷卷首一卷卷末一卷　俞慶瀾等修　張燦奎等纂　一九二一年活字印本　二十六冊四函　框高一九厘米　廣一二・九厘米　十二行二十四字小字雙行字同白口四週單邊單黑魚尾　民國十九年俞慶瀾序　鈐『任振采所收方志之一』朱文長方印　任振采捐贈　F一六〇八

(民國)太湖縣志四十卷卷首一卷卷末一卷　高壽恒修　李英纂　一九二二年活字印本　八冊一函　框高一九・四厘米　廣一四厘米　十二行二十五字小字雙行字同白口四週雙邊雙黑魚尾　封面鐫『中華民國壬戌』　有民國十一年呂調元序　鈐『任振采所收方志之一』朱文長方印　任振采捐贈　F一六一〇

(同治)霍邱縣志十六卷卷首一卷　(清)陸鼎斆　王寅清纂修　清同治八(一八六九)年活字印本　十六冊二函　框高二三・二厘米　廣一五・九厘米　九行二十二字白口左右雙邊單黑魚尾　封面鐫『同治己巳鋟』　清同治八年陸鼎斆序　鈐『任振采所收方志之一』朱文長方印　任振采捐贈　F一五二八

(光緒)壽州志三十六卷卷首一卷卷末一卷　(清)曾道唯等修　宗能徵　孫家懌纂　清光緒十六(一八九〇)年活字　F四五七一

印本　十六册二函　框高二一·六厘米　廣一四·九厘米　十二行二十六字白口四週雙邊單黑魚尾　封面鐫「光緒庚寅季冬月校刊　灊山梓人劉立賢　王重祥排印」　清光緒十五年曾道唯序

(光緒)壽州志三十六卷卷首一卷卷末一卷

(清)曾道唯等修　宗能徵　孫家懌纂　光緒十六(一八九〇)年活字印本　十六册二函

F一五三〇

(光緒)續修舒城縣志五十卷卷首一卷卷末一卷

(清)呂林鍾等修　趙鳳詔等纂　清光緒三十三(一九〇七)年活字印本　二十四册二函　框高二一·二厘米　廣一四·八厘米　十一行二十五字白口四週雙邊單黑魚尾　封面鐫「光緒丁未年仲冬」　鈐「任振采所收方志之一」朱文長方印　任振采捐贈

F一五三一

(光緒)霍山縣志十五卷卷首一卷

(清)秦達章修　何國祐　程秉祺纂　清光緒三十一(一九〇五)年活字印本　六册一函　框高二一·七厘米　廣一四·八厘米　九行二十二字白口四週雙邊單黑魚尾　封面牌記鐫「光緒三十一年八月排字重修」　清光緒三十一年秦達章序

F四四三三

(光緒)霍山縣志十五卷卷首一卷

(清)秦達章修　何國祐　程秉祺纂　清光緒三十一(一九〇五)年活字印本　六册一函

F一五三四

(光緒)亳州志二十卷卷首一卷　(清)鍾泰　宗能徵纂修　清光緒二十(一八九四)年活字印本　十四冊二函　框高二一・七厘米　廣一四・一厘米　十行二十一字小字雙行字同白口四週雙邊單黑魚尾　封面鐫『光緒二十年栞』　清光緒二十年宗能徵序　F四五七二

(光緒)亳州志二十卷卷首一卷　(清)鍾泰　宗能徵纂修　清光緒二十(一八九四)年活字印本　十四冊二函　F一五三八

(光緒)鳳台縣志二十五卷卷首一卷　(清)李師沆　石成之修　葛陰南　周爾儀纂　清光緒十八(一八九二)年活字印本　十冊一夾　框高二一・二厘米　廣一四・九厘米　十一行二十五字白口四週雙邊單黑魚尾　封面鐫『光緒十八年歲次壬辰秋印』　鈐『任振采所收方志之一』朱文長方印　『合肥王氏收藏』朱文方印　任振采捐贈　F一五四二

(嘉慶)懷遠縣志二十八卷　(清)孫讓修　李兆洛纂　清嘉慶二十四(一八一九)年活字印本　十二冊一函　框高二一・六厘米　廣一四・八厘米　十一行二十五字小字雙行字同白口四週雙邊單黑魚尾　清嘉慶二十四年倪思淳序　鈐『任振采所收方志之一』朱文長方印　任振采捐贈　F一五五三

(光緒)鳳陽府志二十一卷　(清)馮煦修　魏家驊等纂　清光緒三十四(一九〇八)年活字印本　二十四冊二函　框高二一・五厘米　廣一三・四厘米　十行二十四字小字雙行字同白口左右雙邊單黑魚尾　封面牌記鐫『光緒三十四年冬用聚珍版印』　清光緒三十二年張成勳序　F四四〇三

（光緒）鳳陽府志二十一卷　（清）馮煦修　魏家驊等纂　清光緒三十四（一九〇八）年活字印本　二十四冊四函　F一五二二

（光緒）滁州志十卷卷首一卷卷末一卷　（清）熊祖詒纂修　清光緒二十三（一八九七）年活字印本　十冊一函　框高一八·八厘米　廣一三·五厘米　十行二十二字小字雙行字同白口左右雙邊單黑魚尾　封面鐫『光緒丁酉年春之月刊成』　清光緒二十二年羅忠德序　F四四一四

（光緒）滁州志十卷卷首一卷卷末一卷　（清）熊祖詒纂修　清光緒二十三（一八九七）年活字印本　十冊一函　F一五五六

（民國）全椒縣志十六卷卷首一卷　張其濬修　江克讓　汪文鼎纂　一九二〇年活字印本　八冊一函　框高二〇·九厘米　廣一三·四厘米　十行二十三字小字雙行字同白口四週單邊單黑魚尾　封面牌記鐫『民國九年庚申季冬排印』　民國九年張其濬序　F四四二五

（民國）全椒縣志十六卷卷首一卷　張其濬修　江克讓　汪文鼎纂　一九二〇年活字印本　八冊一函　F一五六〇

（康熙）太平府志四十卷　（清）黄桂修　宋驤　郝煌纂　清光緒二十九（一九〇三）年活字印本　二十冊二函　框高二三厘米　廣一五·三厘米　十一行二十二字下黑口四週　F一五二〇

單邊單黑魚尾　封面牌記鐫「光緒二十九年用活字版重印」　鈐「任振采所收方志之一」朱文長方印　任振采捐贈

（光緒）宣城縣志四十卷卷首一卷　（清）李應泰　范葆廉修　章綬纂　清光緒十四（一八八八）年活字印本　二十冊二函　框高一九·九厘米　廣一四·五厘米　九行二十二字小字雙行字同白口四週雙邊單黑魚尾　清光緒十四年李應泰序　鈐「任振采所收方志之一」朱文長方印　任振采捐贈　F一五六六

（光緒）南陵小志四卷卷首一卷　（清）宗能徵纂　清光緒二十五（一八九九）年活字印本　六冊一函　框高二二·一厘米　廣一二·七厘米　九行二十三字白口四週雙邊單黑魚尾　封面鐫「光緒二十五年刊」　鈐「任振采所收方志之一」朱文長方印　任振采捐贈　F一五七三

（光緒）南陵小志四卷卷首一卷　（清）宗能徵纂　清光緒二十五（一八九九）年活字印本　六冊一函　F三四五六

（光緒）貴池縣志四十四卷卷首一卷　（清）陸延齡修　桂迓衡等纂　清光緒九（一八八三）年活字印本　二十冊二函　框高二一·四厘米　廣一五·二厘米　九行二十四字小字雙行字同白口左右雙邊單黑魚尾　清光緒九年陸延齡序　鈐「任振采所收方志之一」朱文長方印　任振采捐贈　F一六〇二

（光緒）青陽縣志十二卷　（清）華春等修　周贇纂　清光緒十七（一八九一）年活字印本　十二冊二函　框高二〇·七厘米　廣一五厘米　十行二十四字小字雙行字同白口左　F一六〇一

右雙邊單黑魚尾　清光緒十八年陳謐序　鈐『任振采所收方志之一』朱文長方印　任振采捐贈

（民國）昭萍志略十二卷卷首一卷卷末一卷　劉洪闢纂修　一九三五年萍鄉尚志堂活字印本　十二册三函　框高二〇厘米　廣一二厘米　十行二十五字下黑口四週雙邊單黑魚尾版心下鐫『萍鄉尚志堂代印』　一九三五年劉洪闢後序　F一八二三

（道光）重修上高縣志十二卷卷首一卷卷末一卷　（清）林元英纂修　清道光三（一八二三）年活字印本　十二册一函　框高二二·二厘米　廣一三·六厘米　九行二十二字白口四週雙邊雙黑魚尾　清道光三年林元英序　鈐『任振采所收方志之一』朱文長方印　任振采捐贈　F一八三〇

（同治）安義縣志十六卷卷首一卷卷末一卷　（清）杜林修　彭斗山　熊寶善纂　清同治十（一八七一）年活字印本　八册一函　框高二〇·九厘米　廣一四·八厘米　十行二十二字小字雙行字同白口四週雙邊雙黑魚尾　封面鐫『同治十年重修』　清同治十年杜林序　鈐『任振采所收方志之一』朱文長方印　任振采捐贈　F一八二五

（同治）靖安縣志十六卷卷首一卷　（清）徐家瀛修　舒孔恂纂　清同治九（一八七〇）年活字印本　十二册一函　框高二一厘米　廣一五·一厘米　十行二十三字白口左右雙邊單黑魚尾　清同治九年徐家瀛序　鈐『任振采所收方志之一』朱文長方印　任振采捐贈　F一八三二

（同治）新淦縣志十卷卷首一卷　（清）王肇賜　徐道昌修　陳錫麟纂　清同治十二（一八七三）年活字印本　十六册二函　框高二〇·五厘米　廣一四·三厘米　九行二十二字小字雙行字同白口四週單邊單黑魚尾　封面鐫「同治九年歲次庚午重修」　清同治十二年王肇賜序　鈐「任振采所收方志之一」朱文長方印　任振采捐贈　F一八八四

（康熙）瀲水志林二十六卷　（清）張尚瑗纂修　清同治間活字印本　八册一函　框高一九·二厘米　廣一三·七厘米　十行二十一字白口四週單邊雙黑魚尾　F三五六一

（康熙）松溪縣志十卷卷首一卷　（清）潘拱辰纂修　一九二八年施樹模活字印本　六册一函　框高二三·二厘米　廣一六·一厘米　十行二十字小字雙行二十八字白口四週單邊單黑魚尾版心中鐫「民國戊辰年翻印」　封面鐫「民國戊辰年翻印」　鈐「任振采所收方志之一」朱文長方印　「楷庭」朱文方印　「樹模」白文方印　任振采捐贈　F二四一〇

（同治）廣濟縣志十六卷卷首一卷　（清）劉宗元　朱榮實修　劉燡纂　清同治十一（一八七二）年志書局活字印本　十二册二函　框高一九·八厘米　廣一三厘米　十行二十一字小字雙行二十字白口四週雙邊單黑魚尾　封面牌記鐫「同治壬申秋志書局開雕」　清同治十一年朱榮實序　鈐「任振采所收方志之一」朱文長方印　任振采捐贈　F一九五九

(同治)重修英山縣志十卷卷首一卷　(清)徐玉珂修　王熙勳等纂　清同治九(一八七〇)年慎詒堂活字印本　十冊一函　框高二〇·六厘米　廣一五·五厘米　十行二十二字白口四週雙邊單黑魚尾　封面鐫「同治庚午年　慎詒堂梓」　清同治八年徐玉珂序　鈐「任振采所收方志之一」朱文長方印　任振采捐贈

F一九六二

(民國)英山縣志十四卷卷首一卷　徐錦修　胡鑑瑩等纂　一九二〇年活字印本　十冊一夾　框高二三厘米　廣一五·二厘米　十行二十四字小字雙行二十三字白口四週雙邊單黑魚尾　封面鐫「民國九年重修　毛青雲堂梓」　民國九年英山縣志局序　鈐「任振采所收方志之一」朱文長方印　任振采捐贈

F一九六三

(同治)通山縣志八卷卷首一卷　(清)羅登瀛　胡昌銘修　朱美燮　樂純青纂　清同治七(一八六八)年心田局活字印本　八冊一函　框高二一·四厘米　廣一五·五厘米　十行十八字小字雙行字數不等白口四週雙邊單黑魚尾版心下鐫「心田局」　封面鐫「同治六年　心田局重修」　鈐「任振采所收方志之一」朱文長方印　任振采捐贈

F一九四二

(同治)通城縣志二十四卷卷首一卷補遺一卷　(清)鄭菼修　杜煦明　胡洪鼎等纂　清同治六(一八六七)年活字印本　十冊一函　框高二三·四厘米　廣一六·四厘米　九行二十字白口四週雙邊雙黑魚尾　封面鐫「同治六年重修」　清同治六年鄭菼序　鈐「任振采所收方志之一」朱文長方印　任振采捐贈

F一九二八

（同治）崇陽縣志十二卷卷首一卷　（清）高佐廷修　傅燮鼎纂　清同治五（一八六六）年活字印本　十二冊二函　框高二〇・八厘米　廣一四・九厘米　十行二十一字下黑口四週單邊單黑魚尾　封面鐫「同治五年鐫」　鈐「任振采所收方志之一」朱文長方印　任振采捐贈　F一九四五

（光緒）郴州直隸州鄉土志二卷　（清）查慶綏修　謝磬槐等纂　清光緒三十三（一九〇七）年活字印本　二冊一函　框高一九・五厘米　廣一三・七厘米　十行二十字白口四週雙邊單黑魚尾　F二〇七五

（同治）桂陽縣志二十二卷卷首一卷　（清）錢紹文　孫光燮修　朱炳元　何俊纂　清同治六（一八六七）年活字印本　十二冊二函　框高二一・五厘米　廣一四・七厘米　九行二十字白口四週雙邊單黑魚尾　封面鐫「同治丁卯」　鈐「任振采所收方志之一」朱文長方印　任振采捐贈　F二〇八三

（光緒）桂陽縣鄉土志一卷　（清）胡祖復纂　清光緒三十四（一九〇八）年活字印本　一冊一函　框高二一・五厘米　廣一三・七厘米　九行二十五字白口四週雙邊單黑魚尾　清光緒三十四年黃國瓊序　F二〇八四

（民國）寧鄉縣誌不分卷附新誌四卷　周震麟修　劉宗向纂　一九四一年活字印本　二十八冊四函　框高一七・六厘米　廣一一・一厘米　十行二十五字小字雙行字同黑口四週單邊單黑魚尾　封面鐫「民國三十年六月刊」　F二〇四〇

(光緒)天柱縣志八卷卷首一卷附兵燹記一卷　(清)林佩綸等修　楊樹琪等纂　清光緒二十九(一九〇三)年天柱縣志書局活字印本　八冊一函　框高一九·五厘米　廣一四·五厘米　十一行二十二字小字雙行二十字白口四週雙邊雙黑魚尾　封面鐫「光緒二十九年季夏天柱縣志書局刊竣」　鈐「任振采所收方志之一」朱文長方印　任振采捐贈　F二七二三

中吳紀聞六卷　(宋)龔明之撰　清嘉慶十七(一八一二)年朱麟書白鹿山房活字印本　二冊一函　框高一八·九厘米　廣一一·四厘米　八行二十字白口四週單邊單黑魚尾　卷末牌記鐫「白鹿山房校印叢書」　跋文後鐫「嘉慶壬申古吳文泉朱麟書重校印」　鈐「周氏叔弢」朱文方印　周叔弢捐贈　S二一六五

四明談助四十六卷卷首一卷　(清)徐兆昺撰　清道光八(一八二八)年活字印本　二十冊四函　框高二二·三厘米　廣一四·五厘米　十一行二十三字下細黑口四週雙邊單黑魚尾　封面鐫「道光戊子夏」　清道光丁亥徐兆昺序　S二一六七

重建新安會館徵信錄不分卷　(清)汪廷棟編　清光緒三十二(一九〇六)年活字印本　一冊一函　框高二〇·二厘米　廣一三·三厘米　九行二十一字白口四週單邊單黑魚尾　清光緒三十二年汪廷棟跋　書名依跋文著錄　S二〇九一

宛陵會館錄一卷　(清)江榮生　查鈞源撰　清光緒十三(一八八七)年同志堂活字印本　一冊一函　框高二一·九厘米　廣一三·五厘米　八行二十字白口四週雙邊單黑魚尾版心下鐫「同志堂」　封面牌記一鐫「光緒十三年同志堂鐫」　封面二鐫「熙湖宛陵會館錄」　封面牌記二鐫「歲在強圉大淵獻終陬月校正」　書名依版心　鈐「周氏叔弢」朱文方印　周叔弢捐贈　S二一六八

桑梓見聞錄三卷　(清)劉鏗撰　一九一七年正誼山房活字印本　一册一函　框高二一·五厘米　廣一四·一厘米　八行二十字白口四週雙邊單黑魚尾　封面鐫「歲在丁巳仲秋之吉」封面牌記鐫「正誼山房仿聚珍版印」　清光緒二十七年徐苞辰敘　鈐「周氏叔弢」朱文方印　周叔弢捐贈　S二一六三

嶺表錄異三卷　(唐)劉恂撰　清乾隆間武英殿聚珍版叢書本　一册一函　框高一九·五厘米　廣一二·六厘米　九行二十一字白口四週雙邊單黑魚尾版心下鐫校勘官姓名　鈐「八千卷樓藏閲書」朱文方印　「四庫著錄」白文長方印　「宛陵李之郇藏書印」朱文長方印　「漢晉唐齋」白文長方印　「御書攬勝齋」朱文長方印　S二一六九

桂海虞衡志一卷　(宋)范成大撰　清道光十一(一八三一)年六安晁氏活字印學海類編本　一册一函　框高一九·七厘米　廣一一·三厘米　九行二十一字白口左右雙邊單白魚尾版心上鐫「學海類編」下鐫「游覽」　鈐「周氏叔弢」朱文方印　周叔弢捐贈　S二一六四

南昌民國初元紀事十四卷　周德華等編　一九二〇年學宮活字印本　四册一函　框高二〇·九厘米　廣一五·四厘米　十行二十一字小字雙行字同下黑口四週雙邊單黑魚尾版心上鐫「南昌紀事」　封面牌記鐫「民國九年印于學宮」　有民國九年李循球跋　有圖　鈐「周氏叔弢」朱文方印　周叔弢捐贈　S二一四七

甯海漫记四卷　干人俊撰　一九三三年活字印本　一册一函　框高一八·二厘米　廣一三·四厘米　十行二十二字白口四週單邊单黑魚尾　有民國二十二年干人俊「甯海漫記引」　S二一四九

甯海六記一卷 干人俊撰 一九三四年活字印本 一冊一函 框高一八・七厘米 廣一三・三厘米 十行二十一字白口四週雙邊單黑魚尾 一九三四年章梫序 S二一六六

重修馬蹟山志八卷卷首一卷 （清）許棫纂 清光緒五（一八七九）年活字印本 四冊一函 框高二〇・一厘米 廣一五・五厘米 十行二十一字小字雙行字同白口四週單邊單黑魚尾 封面牌記鐫『光緒歲次屠維單閼陽月古夫樹馮效琮楬櫫』 清光緒六年許棫序 S二一七〇

飛龍山志六卷 干人俊輯 一九四五年活字印本 一冊一函 框高一八・七厘米 廣一三・五厘米 十行二十一字白口四週雙邊單黑魚尾 一九四五年陳立樹序 S二一七一

冶父山志六卷 陳詩重編 章人鏡參訂 一九三六年活字印本 二冊一函 框高二一・四厘米 廣一二・九厘米 九行二十二字白口四週單邊雙黑魚尾 一九三六年汪培實跋 鈐『周氏叔弢』朱文方印 周叔弢捐贈 有圖 S二一七二

龍鳳山志四卷 廖潤鴻 黃應逵編 一九四一年活字印本 一冊一函 框高一七・五厘米 廣一一・二厘米 十行二十五字小字雙行字同黑口四週單邊單黑魚尾 封面牌記鐫『民國三十年閏月刊』 民國三十年周昆跋 鈐『周氏叔弢』朱文方印 周叔弢捐贈 S二一七三

大名縣水道考不分卷 （清）崔述撰 清活字印本 一冊一函 框高一九・九厘米 廣一三・一厘米 八行二十一字白口四週雙邊 清嘉慶十二年崔述跋 周叔弢捐贈 S二一七六

理運管見一卷 (清)章寶臣撰 清光緒元(一八七五)年山東省城晉文齋活字印本 一冊一函 九行二十字白口無邊欄 封面鐫「光緒乙亥 山東省城布政司大街晉文齋輯刷」 鈐「周氏叔弢」朱文方印 周叔弢捐贈 S二一八〇

防河要覽四卷 題(清)硯北主人纂輯 清光緒十四(一八八八)年活字印本 六冊一函 框高一三・八厘米 廣九・五厘米 九行十九字白口四週雙邊單黑魚尾 清光緒十四年硯北主人序 鈐「周氏叔弢」朱文方印 周叔弢捐贈 S二一七五

畿輔安瀾志五十六卷 (清)王履泰撰 清嘉慶間武英殿聚珍版印本 二十四冊四函 框高一七・八厘米 廣一二・六厘米 八行二十字白口四週雙邊單黑魚尾 版本依據清嘉慶十二年王履泰凡例 鈐「莫友之圖書印」朱文長方印 「莫繩孫字仲武」朱文長方印 S二一七九

芙蓉湖修堤錄八卷 (清)陳鎬等撰 清光緒三十四(一九〇八)年活字印本 六冊一函 框高一七・九厘米 廣一三・五厘米 十行二十三字白口四週單邊單黑魚尾 封面牌記鐫「光緒三十四年聚珍版校印」 清光緒三十四年陳鎬序 鈐「周氏叔弢」朱文方印 周叔弢捐贈 S二一七七

芙蓉湖修堤錄八卷 (清)陳鎬等撰 清光緒三十四(一九〇八)年活字印本 六冊一函 S二一七八

上虞縣五鄉水利本末二卷 (元)陳恬撰 清光緒三(一八七七)年活字印本 二冊一函 框高一八・六厘米 廣一二・九厘米 九行二十二字白口四週雙邊單黑魚尾 版心上鐫「虞西水利本末」 封面鐫「三湖水利本末 光緒三年五鄉公印」 鈐「周氏叔弢」朱文方印 周叔弢捐贈 S二一七四

陽江舜河利備覽四卷　(清)胡景堂撰　承雋尊　承鍾嶽校　清光緒十五(一八八九)年活字印本　四冊　框高二〇·四厘米　廣一四·四厘米　八行二十一字白口四週單邊單黑魚尾　清光緒己丑(十五)年承鍾嶽跋　P三七五三六

民國江南水利志十卷首一卷　沈佺撰　一九二二年活字印本　十一冊一函　框高二二·四厘米　廣一六·一厘米　十行二十二字下黑口單黑魚尾　封面鐫『江南水利志　壬戌十月』　P三七五九六

高淯普濟堂志四卷　(清)戴鳳筠等纂修　清光緒二十六(一九〇〇)年活字印本　四冊一函　框高二〇·七厘米　廣一三·一厘米　十行二十五字白口四週單邊單黑魚尾　封面鐫『光緒庚子夏上浣聚珍版印』　鈐『周氏叔弢』朱文方印　周叔弢捐贈　S二一五一

忍草庵志四卷附校勘記　(清)劉繼增撰　清光緒十七(一八九一)年錫山遂初堂活字印本　一冊一函　框高二二·七厘米　廣一五·七厘米　九行二十一字黑口四週單邊黑魚尾　封面牌記鐫『錫山遂初堂尤氏聚珍本』　清光緒十七年尤桐跋　鈐『周氏叔弢』朱文方印　周叔弢捐贈　S二一五九

忍草庵志四卷附校勘記　(清)劉繼增撰　清光緒十七(一八九一)年錫山遂初堂活字印本　一冊一函　S二一六〇

忍草庵志四卷附校勘記　(清)劉繼增撰　清光緒十七(一八九一)年錫山遂初堂活字印本　一冊一函　S二一六一

洛陽伽藍記五卷 （後魏）楊衒之撰 清嘉慶十六年活字印真意堂叢書本 一册一匣 框高一二厘米 廣一三·七厘米 九行二十一字白口左右雙邊單黑魚尾版心下鐫「真意堂」 S二一四八

曹江孝女廟誌八卷卷首一卷卷末一卷 （清）金廷棟輯 清同治七（一八六八）年活字印本 二册一函 框高一九·五厘米 廣一四·八厘米 九行十九字白口四週單邊單黑魚尾 封面鐫「嘉慶戊辰年纂」 清同治戊辰（七年）李遐齡跋 S二六八五

歷代詩人祠堂記一卷附潘四農論詩十則 （清）李恩綬撰 清宣統元（一九〇九）年冬心齋叢書本 一册一函 框高一七·三厘米 廣一二·五厘米 九行二十一字白口四週雙邊單黑魚尾版心下鐫「冬心齋叢書第九種」 封面牌記鐫「己酉春仲刻於皖垣孜工差次」 清宣統元年李恩綬序 S二一五二

石埭縣重建文廟黌宮錄一卷 不著撰人 清光緒二十九（一九〇三）年金陵湯明林排印局活字印本 一册一函 框高二〇·五厘米 廣一三·八厘米 十行二十一字白口四週雙邊單黑魚尾 封面牌記鐫「光緒癸卯冬月 金陵湯明林排印局」 鈐「周氏叔弢」朱文方印 S二一五四

李翰林姑孰遺蹟題詠類鈔六卷卷首一卷 （清）曹笙南輯 清光緒八（一八八二）年謫仙樓活字印本 二册一函 框高二一·三厘米 廣一三·一厘米 十行二十一字黑口四週單邊 封面鐫「光緒壬午夏月印于謫仙楼之退藏道院」 清光緒壬午（八年）曹笙南序 鈐「周氏叔弢」朱文方印 周叔弢捐贈 S二一五五

大觀亭志六卷卷首一卷卷末一卷　李國模輯　李丙榮訂　清宣統三（一九一一）年合肥李氏慎餘堂活字印本　四册一函　框高一六・八厘米　廣一二・五厘米　十行二十一字白口四週雙邊单黑魚尾版心下鐫「慎餘堂」　封面牌記鐫「宣統辛亥仲秋合肥李氏慎餘堂活字版排印」　卷尾鐫「安慶宜春閣聚珍版排印」　鈐「周氏叔弢」朱文方印　周叔弢捐贈　S二一五〇

松滋祠廟事略一卷　（清）邵涵初增輯　清同治十二（一八七三）年活字印本　一册一函　框高一九・二厘米　廣一三・七厘米　九行十九字白口四週單邊　清同治癸酉（十二年）高鑠泉跋　鈐「周氏叔弢」朱文方印　周叔弢捐贈　S二一五三

竹垞小志五卷　（清）阮元訂　楊蟠等輯　一九一八年活字印靜園叢書本　四册一函　框高一七・一厘米　廣一二・二厘米　十行十八字白口左右雙邊單黑魚尾版心下鐫「靜園叢書」　P三七五八三

玉芝園志一卷　許祖愭輯　一九二九年活字印本　一册一函　框高一三・四厘米　廣一六・八厘米　十一行二十一字白口四週雙邊單黑魚尾版心上鐫「玉芝園」　封面鐫「己巳嘉平」　有民國十八年許祖愭跋　鈐「周氏叔弢」朱文方印　周叔弢捐贈　S二一五六

浦陽書院志二卷　（清）朱興燕等輯　陳書等續輯　清光緒五（一八七九）年張守宷校活字印本　二册一函　框高二一・四厘米　廣一四・二厘米　九行二十字上黑口四週雙邊單黑魚尾　封面鐫「光緒己卯重修」　清光緒己卯（五年）恩裕序　書名依版心　鈐「周氏叔弢」朱文方印　周叔弢捐贈　S二一五七

忠清書院志四卷　(清)張春珊撰　清光緒八(一八八二)年活字印本　二冊一函　框高二二厘米　廣一四・九厘米　九行二十一字白口左右雙邊單黑魚尾　封面鐫「光緒壬午桂秋付鐫」　鈐「夢選樓胡氏宗懋藏」朱文方印　P三七五九一

白嶽遊稿一卷　(明)沈明臣輯　一九二一年林集虛大酉山房活字印本　一冊一函　框高二〇・四厘米　廣一五・三厘米　十行十八字上黑口四週雙邊單黑魚尾版心下鐫「大酉山房林集虛刊」　民國十年林集虛後序　鈐「周氏叔弢」朱文方印　周叔弢捐贈　S二一八一

遊記十冊附補編一卷　(明)徐宏祖撰　徐寄等輯　(清)季夢良等編　清光緒七(一八八一)年瘦影山房活字印本　十二冊二函　框高一八・四厘米　廣一三・二厘米　十行二十三字細黑口四週單邊　封面鐫「光緒辛巳仲秋　霞客遊記　瘦影山房梓」　鈐「周氏叔弢」朱文方印　周叔弢捐贈　S二一八四

孫文定公南遊記一卷　(清)孫嘉淦撰　清光緒十四(一八八八)年景山書屋活字印本　一冊一函　框高一九・九厘米　廣一三・七厘米　九行二十二字白口四週雙邊單黑魚尾版心下鐫「景山書屋藏書」　封面牌記鐫「光緒戊子秋月景山書屋藏」　鈐「周氏叔弢」朱文方印　周叔弢捐贈　S二一八二

乘槎筆記不分卷　(清)斌椿撰　清光緒間活字印本　蘭玉子題識　一冊一函　框高二〇・六厘米　廣一三・五厘米　九行二十二字白口四週單邊單黑魚尾　S二一八三

地球韻言四卷　(清)張士瀛撰　清光緒二十四(一八九八)年兩湖書院活字印本　二冊一函　框高一八・七厘米　廣一三・五厘米　九行十九字小字雙行十八字白口四週雙邊單黑魚尾　封面鐫「地球韻言」　封面牌記鐫「光緒二十四年春三月兩湖書院印行」　鈐「周氏叔弢」朱文方印　「仁侃珍藏」朱文方印　「玉森堂寶」白文方印　周叔弢捐贈　S二一八九

海國圖志五十卷　（清）魏源撰　清道光二十四（一八四四）年古微堂活字印本　十九册四函　框高二〇·五厘米　廣一五厘米　九行二十一字小字雙行字同白口四週單邊單黑魚尾　封面鐫「道光甲辰仲夏古微堂聚珍板」　鈐「周氏叔弢」朱文方印　周叔弢捐贈　S二一八六

海國圖志五十卷　（清）魏源撰　清道光二十四（一八四四）年古微堂活字印本　二十册四函　鈐「萬卷藏書宜子弟」朱文長方印　「惜分陰書屋之印記」朱文方印　S二一八七

西俗雜誌一卷　（清）袁祖志撰　清光緒十（一八八四）年活字印本　一册一函　框高一八·二厘米　廣一一·九厘米　十行二十二字白口左右雙邊單黑魚尾　清光緒甲申（十年）西泠嘯翁序　鈐「周氏叔弢」朱文方印　周叔弢捐贈　S二一八八

普法戰紀二十卷　（清）張宗良譯　王韜輯　清光緒十二（一八八六）年王氏弢園活字印本　十册二函　框高一四·四厘米　廣一〇·七厘米　十行二十一字黑口左右雙邊版心下鐫「弢園王氏刊遯叟手校本」　封面牌記鐫「光緒丙戌仲春之月陽湖汪學瀚署檢」　鈐「周氏叔弢」朱文方印　周叔弢捐贈　S二二二八

普法戰紀二十卷　（清）張宗良譯　王韜輯　清光緒十二（一八八六）年王氏弢園活字印本　十册二函　S二二二九

（軍官學堂教科書）各國近世史不分卷各國最近世史不分卷　P三七五六六

邴仲共譯　民國間活字印本　二冊一函　框高一八・三厘米　廣一二・四厘米　十行二十二字上黑口四週雙邊單黑魚尾版心下鐫『陸軍行營軍官學堂』

職官類

牧民忠告一卷風憲忠告一卷廟堂忠告一卷　(元)張養浩撰　清味菜廬活字印本　二冊一函　框高一九・二厘米　廣一三・三厘米　九行十七字黑口四週雙邊單黑魚尾　封面鐫『味菜廬集印本』　S二一一三

自歷言一卷　(清)文海撰　清光緒十三(一八八七)年活字印本　一冊一函　框高一八・七厘米　廣一三・二厘米　八行二十一字黑口四週單邊单黑魚尾　封面鐫『文靜涵先生自歷言』封面牌記鐫『光緒丁亥臘月用皖省活字版印行』　鈐『周氏叔弢』朱文方印　周叔弢捐贈　S二一一四

大元帥訓軍官詞　民國間活字印本　一冊一函　框高二三・六厘米　廣一五・一厘米　十二行二十八字白口四週雙邊單黑魚尾　P三七五一九

政書類

三通三種七百四十八卷　□□□輯　清廣州活字印本　三百冊六十夾　框高二三·八厘米　廣一五·九厘米　十行二十一字小字雙行字同白口四週雙邊單黑魚尾　S二一〇七

通典二百卷　（唐）杜佑撰
通志二百卷　（宋）鄭樵撰
文獻通考三百四十八卷　（元）馬端臨撰

皇朝三通序六卷　（清）□□輯　清光緒二十七（一九〇一）年活字印本　三冊一函　框高一八·九厘米　廣一四·四厘米　十行二十一字下黑口四週雙邊單黑魚尾　封面鐫「光緒二十七年冬月用排印本校刊」　P三七五一二

皇朝通典序一卷
皇朝通志序一卷
皇朝通考序一卷
欽定續通典序一卷
欽定續通志序一卷
欽定續文獻通考序一卷

五代會要三十卷　（宋）王溥撰　清信芳閣活字印本　六冊一函　框高二〇厘米　廣一四·二厘米　九行二十字白口四週單邊單黑魚尾版心下鐫「信芳閣藏」　鈐「周氏叔弢」朱文方印　「魏氏温雲藏書画印」朱文方印等　周叔弢捐贈　S二一〇九

吾學錄初編二十四卷　（清）吳榮光撰　清同治七（一八六八）年金陵書局活字印本　八冊一函　框高二一·八厘米　廣一三·九厘米　九行二十一字小字雙行字同白口四週單邊單　S二一一〇

黑魚尾　封面鐫『同治戊辰夏五月用聚珍版印於金陵書局』　鈐『周氏叔弢』朱文方印　『篤齋』朱文方印　『許銘彝印』白文回印　周叔弢捐贈

吾學錄初編二十四卷　（清）吳榮光撰　清同治七（一八六八）年金陵書局活字印本　八冊一函　S二六九八

吾學錄初編二十四卷　（清）吳榮光撰　清同治七（一八六八）年金陵書局活字印本　八冊一函　S二一一

八旬萬壽盛典一百二十卷卷首一卷　（清）劉鳳誥等纂修　清乾隆五十七（一七九二）年武英殿聚珍版印本　二十冊一匣　框高二二．八厘米　廣一六．九厘米　十一行二十五字小字雙行字同白口四週雙邊單黑魚尾　與千叟宴同匣　S四〇四四

西巡盛典二十四卷卷首一卷　（清）董誥等撰　清嘉慶十七（一八一二）年武英殿聚珍版印本　八冊一函　框高一八．一厘米　廣一三厘米　八行二十字小字雙行字同白口四週雙邊單黑魚尾　首有清嘉慶十七年御製序　S一九六八

程安德三縣賦考二卷　（清）凌介禧輯　清同治三（一八六四）年活字印本　一冊一函　框高二〇．二厘米　廣一五厘米　十一行二十四字小字雙行字同白口左右雙邊单黑魚尾　封面牌記鐫『同治三年歲在甲子仲春月開雕』　S二一一六

租覈不分卷　（清）陶照撰　清光緒二十一（一八九五）年活字印本　一册一函　框高一八·三厘米　廣一三·八厘米　十行二十四字小字雙行字同黑口左右雙邊單黑魚尾　清光緒二十一年陶惟增等識文　書名依封面　S一九九二

古宣維持會産業清册　徐國珍編　一九一七年古宣維持會活字印本　一册一函　框高二一·八厘米　廣一三·四厘米　十二行二十九字白口四週雙邊单黑鱼尾版心上鐫『産業底簿』下鐫『古宣維持会』　民國六年孫瑞清序　書名依書皮　鈐『周氏叔弢』朱文方印　周叔弢捐贈　S二一一五

征倭四宜三益説一卷　（清）曾之撰撰　清光緒二十（一八九二）年活字印本　一册一函　框高一六·五厘米　廣一二·七厘米　十行二十四字白口左右雙邊單黑魚尾　封面牌記鐫『光緒甲午七月下浣刊』　S一九九三

萬國公法釋例二卷　（清）丁祖蔭撰　清光緒二十四（一八九八）年活字印常熟丁氏叢書本　二册一函　框高一七·三厘米　廣一二·三厘米　十行二十五字白口四週單邊单黑魚尾版心下鐫『常熟丁氏叢書』　封面牌記鐫『光緒戊戌仲秋印』　鈐『周氏叔弢』朱文方印　周叔弢捐贈　S二一一七

中俄界記不分卷　（清）鄒代鈞撰　清末活字印本　二册一函　框高一九·八厘米　廣一四厘米　九行二十字下黑口四週雙邊單黑魚尾版心上鐫『兩湖書院課程』中鐫『中俄輿地』『西界輿地』　鈐『周氏叔弢』朱文方印　周叔弢捐贈　S二一一九

江南試辦兵事研究所章程　（清）朱恩紱　徐紹楨撰　清光緒三十一（一九〇五）年活字印本　一册一函　框高一九·一厘米　廣一三·五厘米　九行二十一字白口四週雙邊單黑魚尾　書名依書皮　鈐『周氏叔弢』朱文方印　周叔弢捐贈　S二一一八

軍官學堂學員應守規則一卷　不著撰人　民國間軍諮處活字印本　一冊一函　框高一八・四厘米　廣一二・三厘米　十行二十二字上黑口四週雙邊單黑魚尾版心中鐫『應守規則』下鐫『軍諮處印』　P三七五六五

馬政一卷　不著撰人　陸軍行營官學堂活字印本　一冊一函　框高一八・三厘米　廣一二・三厘米　十行二十二字上黑口四週雙邊單黑魚尾版心下鐫『陸軍行營軍官學堂』　P三七五七〇

刺字條例不分卷　(清)刑部制訂　清光緒二十一(一八九五)年黔南撫署活字印本　一冊一函　框高一八・六厘米　廣一二・一厘米　九行二十字白口四週雙邊單黑魚尾　封面鐫『光緒乙未春三月排印於黔南撫署』　清光緒二十一年嵩崑序　書名依版心　S二一三〇

旅蜀說礦彙鈔　清末督練公所教練處活字印本　一冊一函　框高一五・三厘米　廣一〇・二厘米　十行十七字白口四週單邊單黑魚尾版心下鐫『督練公所教練處印』　版本依據版心　書名依書皮　鈐『周氏叔弢』朱文方印　周叔弢捐贈　S二一一二

治鄞政略二卷附編二卷靜庵詩略一卷　(清)楊懿撰　一九三五年活字印本　一冊一函　框高一八厘米　廣一三・九厘米　十行二十一字黑口四週單邊雙黑魚尾　封面鐫『乙亥重印』　有民國二十四年朱驥題後　S一九九五

錢邑警奸全錄　不著撰人　清光緒七(一八八一)年活字印本　一冊一函　框高二一厘米　廣一三・五厘米　八行十九字白口四週雙邊單黑魚尾　封面鐫『警奸全錄　光緒辛巳春』　書名依書口　S二一二八

常州府中學堂工程清冊不分卷附錄　（清）惲祖祁等撰　清光緒三十三（一九〇七）年活字印本　六冊一夾　框高二一厘米　廣一三·八厘米　十行三十字小字雙行字數不等白口左右雙邊單黑魚尾版心上鐫『常郡中學堂工程清冊』　P三七五一四

武陽城鄉區域始末紀不分卷　不著撰人　清宣統活字印本　一冊一函　框高一八厘米　廣一三·一厘米　十行二十五字黑口左右雙邊單黑魚尾　書名依書皮題簽　P三七五三三

目錄類

皖省藏書樓書目不分卷　皖省藏書樓編　清末活字印本　一冊一函　框高一六厘米　廣一〇·一厘米　九行字數不等黑口四週雙邊單黑魚尾　鈐『周氏叔弢』朱文方印　周叔弢捐贈　S二一九八

直齋書錄解題二十二卷　（宋）陳振孫撰　清乾隆間武英殿聚珍版叢書本　十冊一函　框高一九·五厘米　廣一二·六厘米　九行二十一字白口四週雙邊單黑魚尾版心下鐫校勘官姓名　鈐『聽雨樓查氏有圻珍賞圖書』白文方印　S二七〇一

愛日精廬藏書志四卷　（清）張金吾撰　清嘉慶二十五（一八二〇）年活字印本　李盛鐸題識　一冊一函　框高二〇·四厘米　廣一二·六厘米　九行二十字小字雙行字同白口左右　S二一九四

雙邊單黑魚尾　清嘉慶庚辰（二十五年）黃廷鑑序　鈐「周氏叔弢」朱文方印　「犢齋」朱文方印　周叔弢捐贈

愛日精廬藏書志三十卷續志四卷　（清）張金吾撰　清光緒十三（一八八七）年吳縣徐氏靈芬閣活字印本　八冊一函　框高一九厘米　廣一三·五厘米　十一行二十四字上黑口四週單邊雙黑魚尾版心下鐫「愛日精廬」　封面牌記鐫「光緒十三年六月吳縣靈芬閣徐氏用集字版校印」　周叔弢捐贈　S二一九五

錫山歷朝名人著述書目考十一卷雜録一卷　高鏷泉編　清光緒二十八（一九〇二）年天爵堂活字印本　五冊一函　框高二〇·六厘米　廣一三·八厘米　九行二十二字小字雙行二十一字白口四週單邊單黑魚尾版心上鐫「錫山歷朝書目考」　封面鐫「光緒壬寅天爵堂藏稿」　清光緒二十七年楊殿奎序　S二一九七

古今僞書考一卷　（清）姚際恒撰　清末蘇州寶華山房活字印本　一冊一函　框高一九·六厘米　廣一三·三厘米　九行二十一字黑口四週雙邊單黑魚尾　封面牌記鐫「蘇州嘉魚坊西寶華山房發行」　清光緒三年馥笙跋　鈐「周氏叔弢」朱文方印　「吳江陸翔」白文方印　周叔弢捐贈　S二二〇〇

古今僞書考一卷　（清）姚際恒撰　清末蘇州寶華山房活字印本　一冊一函　S二一九九

敘文彙編七十二卷卷首一卷　朱烈輯　一九三六年榮氏大公圖書館活字印本　四十冊八函　框高二四·九厘米　廣一六·三厘米　十行二十五字白口四週單邊單黑魚尾版心下鐫「榮氏大公圖書館藏版」　封面牌記鐫「中華民國二十五年刊印」　S二二〇二

金石類

籀史二卷 （宋）翟耆年撰 （清）錢熙祚校 一九一八年活字印靜園叢書本 一册一函 框高一七·一厘米 廣一二·二厘米 十行十八字白口左右雙邊單黑魚尾版心下鐫「靜園叢書」 封面鐫「靜園叢書 戊午十月上沐餘杭褚德彝署」 原缺卷下 S二一九〇

碑帖紀證一卷 （明）范大澈撰 一九二三年活字印蟫隱廬叢書本 一册一函 框高一六厘米 廣一一·九厘米 十一行二十一字小字雙行字同細黑口左右雙邊雙黑魚尾版心中鐫「紀證」下鐫「蟫隱廬」 卷末牌記鐫「癸亥孟冬月蟫隱廬校印」 S二一九一

蘇齋題跋一卷 （清）翁方綱撰 何溱集錄 一九一七年西泠印社活字印遯盦金石叢書本 三册一函 框高一九·二厘米 廣一二·三厘米 十行二十字小字雙行字同白口四週單邊單黑魚尾版心下鐫「西泠印社聚珍版山陰吳氏遯盦金石叢書」 封面鐫「戊午伏日 古杭王壽祺篆」 S二一九二

歷代帝王法帖釋文十卷 （清）徐朝弼撰 一九一六年西泠印社活字印本 二册一函 框高一九·一厘米 廣一二·四厘米 十行二十字白口四週單邊單黑魚尾版心中鐫「淳化閣釋文」下鐫「西泠印社聚珍版山陰吳氏遯盦金石叢書」 一九一六年吳隱跋 P三七五六一

宜祿堂收藏金石記六卷 （清）朱士端撰 一九二一年西泠印社活字印遯盦金石叢書本 四册一夾 框高一七·二厘米 廣一二·二厘米年 十行十八字小字雙行字同白

P三七五一〇

口左右雙邊單黑魚尾版心中鐫「金石記」下鐫「西泠印社聚珍版山陰吳氏遯盦金石叢書」

枕經堂金石跋三卷 （清）方朔撰　一九二一年西泠印社活字排印遯盦金石叢書本　四冊一夾　框高一九厘米　廣一二厘米　十行二十字小字雙行字同白口左右雙邊單黑魚尾版心下鐫「西泠印社聚珍版山陰吳氏遯盦金石叢書」　P三七五一一

有萬憙齋石刻跋一卷 （清）傅以禮撰　一九二一年西泠印社活字排印遯盦金石叢書本　一冊一函　框高一七·二厘米　廣一二·三厘米　十行十八字白口四週單邊單黑魚尾版心中鐫「有跋」下鐫「西泠印社聚珍版山陰吳氏遯盦金石叢書」　P三七五五九

校碑隨筆不分卷 方若撰　一九二一年西泠印社活字排印遯盦金石叢書本　六冊一函　框高一九厘米　廣一二厘米　十行二十字白口四週單邊單黑魚尾版心下鐫「山陰吳氏遯盦金石叢書　西泠印社活字本」　鈐「艮廬收藏」朱文方印　P三七五〇九

校碑隨筆不分卷 方若撰　一九二一年西泠印社活字排印遯盦金石叢書本　六冊一夾　P三七五七九

錢神志七卷 （清）李世熊撰　清同治十（一八七一）年活字印本　七冊一函　框高二一厘米　廣一四·一厘米　九行二十三字白口四週雙邊單黑魚尾　封面牌記鐫「同治十年三月縣署聚珍板印」　清同治十年劉培芬序　S二一九三

史評類

史略歌論十二卷卷首一卷　（清）裘日和輯　清道光二十一（一八四一）年聽訓堂活字印本　三冊一函　框高一九厘米　廣一五・六厘米　十行二十字小字雙行字同下黑口四週雙邊單黑魚尾　封面鐫『道光辛丑歲聽訓堂鐫』　清道光二十一年裘三英跋　鈐『周氏叔弢』朱文方印　周叔弢捐贈　S二一〇二

子部

儒家類

朱子語類日鈔五卷　（清）陳澧編　清光緒二十二（一八九六）年皖江藩署活字印本　一冊一函　框高一八・三厘米　廣一二・四厘米　九行二十一字白口四週雙邊單黑魚尾　封面牌記鐫『光緒丙申仲秋印於皖江藩署』　鈐『周氏叔弢』朱文方印　周叔弢捐贈　S二二一四

慈溪黃氏日抄分類八十八卷　（宋）黃震撰　清活字印本　四十八冊四夾　框高二〇・四厘米　廣一四厘米　十行二十字白口左右雙邊單黑魚尾版心上鐫『黃　S二二二二

氏日抄」

史子朴語十卷 （宋）史彌大撰 清光緒二十六（一九〇〇）年活字印本 一册一函 框高二〇厘米 廣一五·七厘米 十行二十三字黑口左右雙邊單黑魚尾 封面牌記鐫「光緒二十六年仲夏月重刊」 S二六一六

原缺卷四、五、六

人譜一卷人譜類記二卷 （明）劉宗周撰 清光緒二十五（一八九九）年皖省鉅文堂活字印本 二册一函 框高一八·八厘米 廣一四·一厘米 十一行二十字黑口四週單邊 封面鐫「光緒二十五年仲春 皖省鉅文堂擺印」 S二六九六

聰訓齋語一卷恒産瑣言一卷 （清）張英撰 清活字印本 一册一函 框高一八·一厘米 廣一一·二厘米 九行二十字白口四週雙邊單黑魚尾 鈐「周氏叔弢」朱文方印 周叔弢捐贈 S二二〇七

道統經傳晨誦一卷夕誦一卷 （清）熊賜履撰 清活字印本 一册一函 框高二二·二厘米 廣一五·四厘米 八行二十字白口左右雙邊單黑魚尾版心上鐫「道統經傳」中鐫「晨誦」、「夕誦」下鐫「靜性理课本」 封面鐫「儒門日誦」 鈐「周氏叔弢」朱文方印 「槐陰書屋」朱文方印 周叔弢捐贈 S二二〇六

史感一卷物感一卷 （清）李世熊撰 一九一八年寧化修志局活字印本 一册一函 框高二一·九厘米 廣一四·二厘米 八行二十字白口四週雙邊單黑魚尾 封面牌記鐫「民國七年歲在 S二二〇四

戊午仲秋之月中瀚寧化修志局重印』 鈐『周氏叔弢』朱文方印 周叔弢捐贈

李二曲先生集錄要四卷 (清)李顒撰 倪元坦輯 周文進訂 倪畬香先生慎獨圖說二卷 (清)倪元坦撰 清光緒二十六(一九〇〇)年毘陵石銘章活字印本 二冊一函 框高一八·三厘米 廣一三·九厘米 十行二十一字白口左右雙邊單黑魚尾 封面鐫『光緒庚子季冬 聚珍版擺印』 清光緒二十六年石銘章後序 周叔弢捐贈 S二二〇九

家訓恒言二卷附一卷 (清)蔡鶴齡撰 民國間活字印本 一冊一函 框高二三·五厘米 廣一六·一厘米 九行二十二字白口四週單邊單黑魚尾 S二四三六

裕後格言二卷卷首一卷 (清)祝邦基撰 一九三五年活字印陶社叢書本 二冊一函 框高一八·七厘米 廣一三·五厘米 十一行二十二字白口四週雙邊單黑魚尾版心下鐫『陶社叢書』 封面鐫『乙亥孟冬下澣 祝氏十五世孫廷華敬署』 S二二七一

課子隨筆十卷 (清)張師載輯 莊瑤校 一九二二年溧陽周尚德堂活字印本 四冊一函 框高二一·七厘米 廣一三·三厘米 九行二十二字白口四週雙邊單黑魚尾 封面鐫『民國十一年歲次壬戌冬月中澣 溧陽周尚德堂敬刊』 封面牌記鐫『溧陽華聚玉書社代印』 鈐『周氏叔弢』朱文方印 周叔弢捐贈 S二二一〇

心法源流內篇二卷外篇四卷附錄一卷心法正宗一卷 (清)余寅止輯 清咸豐十一(一八六一)年敬義堂活字印本 二冊一函 框高一八·六厘米 廣一二·九厘米 十行二十字白口四週雙邊單黑魚尾版心下鐫『敬義堂』 封面鐫『心法源流 梧陰書屋藏板』 清咸豐十一年單懋謙序 鈐『周氏叔弢』朱文方印 周叔弢捐 S二二一一

贈

依園邇言二卷 (清)劉存莊撰 劉昌運編 一九二八年劉氏立生堂活字印本 一冊一函 框高二一·三厘米 廣一二·六厘米 九行二十二字無格白口四週雙邊單黑魚尾版心下鐫「立生堂」 版本依據民國十七年劉昌運「編次凡例」 鈐「周氏叔弢」朱文方印 周叔弢捐贈 S二二一二

式古編五卷 (清)莊瑤輯 一九一八年溧陽周尚德堂活字印本 二冊一函 框高二一·七厘米 廣一三·七厘米 九行二十二字白口四週雙邊單黑魚尾 封面鐫「民國七年歲次戊午仲秋月」「溧陽周尚德堂敬刊」 封面牌記鐫「溧陽華聚玉書社代印」 S二二八二

一門懿行錄二卷 (清)魏仰孟等輯 清咸豐七(一八五七)年他石山房活字印本 四冊一函 框高二一·二厘米 廣一四·三厘米 八行十九字白口四週單邊單黑魚尾版心下鐫「他石山房」 封面鐫「咸豐丁巳歲鐫」 鈐「周氏叔弢」朱文方印 「陶齋鑑藏書畫」朱文方印 周叔弢捐贈 S二二一三

格言聯璧不分卷 (清)金纓編 一九一六年活字印本 一冊一函 框高一八·九厘米 廣一三·九厘米 十行二十一字白口四週單邊單黑魚尾 封面鐫「丙辰八月上澣」 民國五年陳福民序 S二七一五

人鑑二卷 (清)趙迺宣輯 清光緒二十八(一九〇二)年活字印本 一冊一函 框高二四·一厘米 廣一四·二厘米 九行二十二字白口四週雙邊單黑魚尾 清光緒二十八年錢逢源序 書名依目錄 鈐「周氏叔弢」朱文方印 周叔弢捐贈 S二二一五

信好軒筆記一卷 (清)彭世昌撰 清活字印本 一冊一函 框高一九·四厘米 廣一二·一厘米 九行二十字無格白口四週雙邊單黑魚尾 乙亥龍文彬序 鈐「周氏叔弢」朱文方印 周叔弢 S二二一六

捐贈

輶軒語不分卷　(清)張之洞撰　清光緒八(一八八二)年江西書局活字印本　一冊一函　框高一九·五厘米　廣一三·四厘米　九行二十字下黑口左右雙邊單黑魚尾　封面牌記鐫『光緒壬午春月江西書局排印』　P三七五六七

名儒言行錄二卷　竇鎮輯　一九二四年無錫文苑閣活字印本　二冊一函　框高一八·五厘米　廣一三·六厘米　十行二十五字下黑口　封面牌記鐫『癸亥孟冬之月校印』　卷末牌記鐫『無錫文苑閣排印』　鈐『周氏叔弢』朱文方印　周叔弢捐贈　S二二二〇

謝孝子侍疾圖題詞二卷附錄一卷　謝鼎鎔輯　一九三五年冶龕活字印本　一冊一函　框高一八·七厘米　廣一三·八厘米　十一行二十二字白口四週雙邊單黑魚尾版心上鐫『侍疾圖題詞』下鐫『冶龕叢刻』　有民國二十四年章鍾祚序　鈐『周氏叔弢』朱文方印　周叔弢捐贈　S二二一七

謝孝子侍疾圖題詞二卷附錄一卷　謝鼎鎔輯　一九三五年冶龕活字印本　一冊一函　S二二一八

兵家類

唐荊川先生纂輯武前編六卷後編六卷 （明）唐順之撰 焦竑校 清活字印本 十二冊一夾 框高二〇·二厘米 廣一四·七厘米 九行二十字白口四週單邊單黑魚尾版心上鐫『武前編』『武後編』 封面鐫『武進唐荊川先生纂輯 武前編排字板』 周叔弢捐贈 S二二三二

武備志二百四十卷 （明）茅元儀輯 清道光間活字印本 一百六十冊二十函 框高一九·七厘米 廣一五·二厘米 九行十九字小字雙行字同無界行白口四週單邊單黑魚尾 鈐『希鄭軒蔡虎臣藏書印』朱文方印 S八二七二

武備志二百四十卷 （明）茅元儀撰 清活字印本 八十冊十函 框高二一·六厘米 廣一五·五厘米 九行十九字小字雙行字同無格白口四週雙邊間有上下雙邊單黑魚尾 S二二三三

長城金鏡六卷 （清）石景芬編 清同治五（一八六六）年活字印本 四冊一函 框高二二·二厘米 廣一三·七厘米 八行十九字白口四週雙邊單黑魚尾 清同治五年石景芳序 書名依版心題 P三七五九四

兵法史略學二卷 （清）陳慶年撰 清末安慶正誼書局活字印本 二冊一函 框高一九·二厘米 廣一二·三厘米 九行二十一字小字雙行字同白口四週雙邊單黑魚尾版心下鐫『安慶正誼書局排印』 P三七五七五

防守集成□卷 題玉泉子編 清又一村活字印本 一冊一函 框高一六厘米 廣一一·四厘米 八行二十字白口四週雙邊單黑魚尾版心下鐫『又一村』 鈐『周氏叔弢』朱文方印 周叔弢捐贈 S二二三〇

存一卷　十

改訂應用戰法三篇　賀忠良撰　清末北洋武備學堂活字印本　四冊一函　框高一九·四厘米　廣一二·二厘米　十一行二十五至二十七字不等白口四週雙邊單黑魚尾版心上鐫「應用戰法」　封面鐫「應用戰法　北洋武備學堂編訂」　鈐「周氏叔弢」朱文方印　周叔弢捐贈　S二二三一

軍制學教科書一卷　賀忠良撰　民國間武備研究所活字印本　一冊一函　框高二一·八厘米　廣一三厘米　十行二十一字白口四週雙邊單黑魚尾版心上鐫「改訂軍制學」下鐫「北洋陸軍學堂排印」　P三七五七二

測繪學一卷　傅在田撰　北洋武備研究所活字印本　一冊一函　框高二一·九厘米　廣一三·三厘米　十行二十一字白口四週雙邊單黑魚尾版心下鐫「北洋武備研究所印」　P三七五六九

地形偵察一卷　李士銳輯　民國間北洋武備研究所活字印本　一冊一函　框高二一·八厘米　廣一三厘米　十行二十一字白口四週雙邊單黑魚尾版心下鐫「北洋武備研究所印」　P三七五七一

論湖北創製之步兵小口徑槍及槍身各件情形與各件功用不分卷　不著撰人　清末北洋陸軍學堂活字印本　一冊一函　框高二一·七厘米　廣一二·八厘米　十行二十一字無格白口四週雙邊單黑魚尾版心上鐫「槍學」下鐫「北洋陸軍學堂排印」　鈐「周氏叔弢」朱文方印　周叔弢捐贈　S一九九九

改正戰法學□卷存一卷（三）　不著撰人　民國間武備研究所活字印本　一冊一函　框高二二厘米　廣一三・一厘米　十行二十一字白口四週雙邊單黑魚尾版心下鐫『北洋武備研究所印』　P三七五七三

法家類

棠陰比事不分卷　(宋)桂萬榮撰　清同治六(一八六七)年木樨山房活字印本　一冊一函　框高二〇・四厘米　廣一四・四厘米　十行二十字白口四週單邊單黑魚尾　封面牌記鐫『同治丁卯仲春木樨山房擺板』　清同治六年嵩慶序　鈐『鑑湖佳勝』白文方印　『周氏叔弢』朱文方印　周叔弢捐贈　S二二二六

棠陰比事不分卷　(宋)桂萬榮撰　清同治六(一八六七)年木樨山房活字印本　一冊一函　S二二二七

峚陽公冤獄辨一卷　(清)莊毓鋐輯　清光緒十四(一八八八)年活字印本　一冊一函　框高一七・八厘米　廣一三・八厘米　十行二十三字黑口左右雙邊單黑魚尾　清光緒戊子(十四年)莊毓鋐跋　書名依書皮　S二二二九

山右讞獄記不分卷　(清)顧麟趾撰　清光緒二十四(一八九八)年安慶正誼書局活字印本　一冊一函　框高一八・三厘米　廣一二・三厘米　九行二十字白口四週雙邊單黑魚尾版心下鐫　S二二二三

『安慶正誼書局排印』　清光緒二十四年方連軫序　書名及著者依序題

刑事訴訟法四編　潘承鍔撰　民國間活字印本　二册一函　框高一八·七厘米　廣一三厘米　十行二十五字白口四週單邊單黑魚尾版心上鐫『江蘇法政學堂講義』　鈐『周氏叔弢』朱文方印　周叔弢捐贈　S二二二五

鄭墅蕩水利全案不分卷　吳國屏等輯　一九二二年活字印本　一册一函　框高二〇厘米　廣一三·七厘米　八行二十二字至二十六字不等白口四週單邊單黑魚尾　民國十一年吳國屏序　書皮題名『武進懷南鄉鄭墅蕩水利案卷』　書名依版心　S二二二四

國法學不分卷　任衣洲譯　民國間活字印本　一册一函　框高一八·三厘米　廣一二·五厘米　十行二十二字上黑口四週雙邊單黑魚尾版心下鐫『陸軍行營軍官學堂』　P三七五六四

農家類

補農書二卷　(明)沈氏撰　(清)張履翔補　清活字印本　二册一函　框高一八·六厘米　廣一三·六厘米　十行二十二字小字雙行字同白口左右雙邊單黑魚尾　鈐『周氏叔弢』朱文方印　周叔弢捐贈　S二二三四

蠶桑備要一卷　思補樓主人輯　清光緒二(一八七六)年盛氏思補樓活字印本　一册一函　框高一三·四厘米　廣一〇厘米　九行二十一字黑口左右雙邊版心下鐫『思補樓』　封面鐫『光緒丙子嘉平　S二五〇一

月　思補樓校印」

種桑樹的講究法不分卷　不著撰人　民國間安徽省立蠶業模範場活字印本　一冊一函　框高一八・九厘米　廣一一・九厘米　九行二十三字無格白口四週雙邊單黑魚尾版心下鐫「安徽省立蠶業模範場」　書名依據版心　鈐「周氏叔弢」朱文方印　周叔弢捐贈　S一九九八

醫家類

串雅內編四卷　(清)趙學敏撰　清光緒十七(一八九一)年活字印本　一冊一函　框高一八・二厘米　廣一四厘米　十行二十三字小字雙行字同下黑口四週雙邊單黑魚尾　封面鐫「光緒辛卯校印」　鈐「郝福田印」朱文方印　「周氏叔弢」朱文方印　周叔弢捐贈　S二二三五

急救腹痛暴卒病解一卷　(清)華嶽撰　凌紱曾續輯　清活字印本　一冊一函　框高一八・一厘米　廣一四厘米　十行二十一字小字雙行字同黑口四週雙邊雙黑魚尾　S一九七七

醫家必閱二卷　題(清)養晦齋主人輯　清活字印本　一冊一函　框高一九・五厘米　廣一一・二厘米　九行十七字無格白口四週雙邊單黑魚尾版心上鐫「醫家法語」　「醫家顯報」　鈐「周氏叔弢」朱文方印　周叔弢捐贈　書名依封面　S二二三六

張仲景傷寒論貫珠集八卷　(漢)張機撰　尤怡註　朱陶性校　清嘉慶十五(一八一〇)年白鹿山房活字印本　四冊一函　框高一九・一厘米　廣一四厘米　十行二十字白口四週單邊單黑魚尾版心上鐫『貫珠集』　封面鐫『白鹿山房藏版』　清嘉慶庚午(十五年)朱陶性序　鈐『叔弢』朱文方印　『陳龍池印』朱文方印　周叔弢捐贈

S二二三八

王洪緒先生外科證治全生不分卷　(清)王維德撰　清同治六(一八六七)年江甯藩署活字印本　二冊一函　框高二〇・六厘米　廣一四・四厘米　十行二十字白口四週單邊單黑魚尾版心上鐫『外科證治全生』　封面鐫『外科證治全生』　封面牌記鐫『同治六年仲冬江甯藩署擺印』　鈐『周氏叔弢』朱文方印　『雙南華館』白文方印　周叔弢捐贈

S二二四一

專治時疫白喉彙編不分卷　(清)張紹修撰　清光緒二十七(一九〇一)年活字印本　一冊一函　框高一七・二厘米　廣一一・五厘米　九行二十二字無格白口四週雙邊雙黑魚尾　清光緒二十七年省道人識　書名依目錄　鈐『周氏叔弢』朱文方印　周叔弢捐贈

S二二三九

葆産達生編二卷　不著撰人　清活字印本　一冊一函　框高二二・三厘米　廣一五厘米　十行二十三字白口四週雙邊單黑魚尾版心上鐫『達生編』　鈐『周氏叔弢』朱文方印　周叔弢捐贈

S二二四二

豆醫蠡酌錄三卷　(清)曹禾撰　清道光二十四(一八四四)年惜陰書屋活字印本　四冊一函　框高一九・三厘米　廣一三・三厘米　七行十七字白口四週單邊單黑魚尾版心上鐫『豆法述原』　封面鐫『豆法述原　道光甲辰孟冬　惜陰書屋聚珍版』

P三七五三五

痘疹心法十二卷卷首一卷 (清)段希孟撰 清光緒二十五(一八九九)年活字印本 二冊一函 框高一九·八厘米 廣一三·五厘米 八行二十一字白口四週單邊單黑魚尾 封面牌記鐫「光緒二十有五年己亥仲秋刊」 清光緒二十四年朱兆綸識文 S二二三七

保身必覽一卷 (清)錢嚮杲撰 清光緒二十七(一九〇一)年活字印本 一冊一函 框高一七·八厘米 廣一二·九厘米 十二行二十五字白口左右雙邊單黑魚尾 卷末鐫「辛丑九月重刊」 S二五七九

醫悟十二卷 (清)馬冠羣撰 清光緒十九(一八九三)年活字印本 四冊一函 框高一八·九厘米 廣一三·九厘米 十行二十六字小字雙行低一格二十五字上黑口左右雙邊單黑魚尾 封面鐫「光緒癸巳午月」 清光緒十九年陳慶溥序 S二二四〇

天文算法類

琅嬛天文集四卷 (清)陳太初編 清嘉慶八(一八〇三)年抱蘭軒活字印本 二冊一函 框高一四·九厘米 廣一〇厘米 九行二十一字白口四週雙邊單黑魚尾版心下鐫「抱蘭軒藏」 清嘉慶八年陳太初序 鈐「周氏叔弢」朱文方印 「黃氏故物」白文方印等 周叔弢捐贈 S二二四三

測地膚言不分卷 (清)陶保廉撰 夏仁杰校 清光緒十六(一八九〇)年日新齋活字印本 一冊一函 框高一七·七厘米 廣一二·九厘米 十行二十四字無格白口四週雙邊雙黑魚尾版心下鐫

S二二四四

『日新齋排印』　清光緒十六年柯逢時序　鈐『周氏叔弢』朱文方印　『孫蕣學人』朱文長方印　周叔弢捐贈

術數類

仙機水法一卷附妥先約矩　(明)董潛甫撰　(清)甘煦校　清道光三十(一八五〇)年甘氏津逮樓活字印本　一册一函　框高一九·五厘米　廣一三·八厘米　九行十九字白口四週單邊單黑魚尾　封面牌記鐫『道光庚戌六月甘氏津逮樓集印』　清道光庚戌(三十年)甘煦序

S二三九二

甲遁真授秘集六卷　(清)薛鳳祚撰　清咸豐二(一八五二)年花雨書巢活字印本　六册一函　框高二〇·九厘米　廣一二·六厘米　十行二十四字白口四週雙邊單黑魚尾版心下鐫『花雨書巢校本』　封面鐫『青齊薛氏真授祕集』　清咸豐二年花雨書巢主人序　鈐『周氏叔弢』朱文方印　周叔弢捐贈

S二三九三

藝術類

吴越所見書畫録六卷　(清)陸時化輯　清光緒太倉陸氏懷煙閣活字印本　十二册二函　框高二〇·九厘米　廣一四·七厘米　十行二十一字小字雙行低二格十九字白口四週單邊單

S二二四八

黑魚尾版心上鐫『所見書畫』下鐫『懷煙閣』 封面鐫『光緒己卯九月元和江標署』 鈐『周氏叔弢』朱文方印 周叔弢捐贈

國朝書畫家筆錄四卷 竇鎮輯 清宣統三(一九一一)年活字印本 四冊一函 框高一八厘米 廣一三・五厘米 十行二十五字白口四週單邊單黑魚尾 封面牌記鐫『宣統三年八月校印』 清宣統三年竇鎮自序 鈐『周氏叔弢』朱文方印 周叔弢捐贈 S二二四六

國朝書畫家筆錄四卷 竇鎮輯 清宣統三(一九一一)年活字印本 八冊一函 S二二五三

海岳題跋不分卷 (宋)米芾撰 (明)毛晉訂 一九二一年西泠印社活字印本 一冊一函 框高一七・一厘米 廣一二・三厘米 十行十八字白口四週單邊單黑魚尾版心下鐫『修省闇』 一九二一年吳頤跋 S二二四九

藝舟雙楫六卷附錄三卷 (清)包世臣撰 清道光二十六(一八四六)年白門倦游閣活字印安吳四種本 五冊一函 框高一八・一厘米 廣一三・九厘米 十行二十一字白口左右雙邊單黑魚尾版心上鐫『安吳四種』下鐫『白門倦游閣』 清道光丙午(二十六年)包世臣跋 書名依目錄 鈐『周氏叔弢』朱文方印 周叔弢捐贈 S二二四七

小鷗波館畫識三卷畫寄一卷 (清)潘曾瑩撰 清光緒十四(一八八八)年悅止齋活字印本 一冊一函 框高一四・五厘米 廣一〇厘米 九行二十一字黑口左右雙邊雙黑魚尾 封面鐫『光緒十四年戊子長夏 悅止齋集錦版排印』 清光緒十四年金吳瀾序 S二二五〇

唐六如畫譜三卷　(明)唐寅輯　何大成校　清活字印本　一册一函　框高一五·七厘米　廣一一·三厘米　八行十八字白口四週單邊單黑魚尾版心上鐫『六如畫譜』　鈐『周氏叔弢』朱文方印　S二二五二

懷古田舍梅統十三卷　(清)徐榮輯　清咸豐五(一八五五)年活字印本　四册一函　框高二一·四厘米　廣一四·二厘米　九行二十一字黑口四週雙邊單黑魚尾　封面鐫『梅統咸豐乙卯年雕』　鈐『周氏叔弢』朱文方印　周叔弢捐贈　S二二六一

印識一卷歷朝印識補遺一卷國朝印識二卷近編一卷　(清)馮承輝撰　一九二一年西泠印社活字印印學叢書本　二册一函　框高三〇厘米　廣一七厘米　十一行二十一字白口四週單邊單黑魚尾版心下鐫『西泠印社印學叢書』　鈐『王龍光印』朱文方印　P三七六〇七

怡怡堂圍棊新譜二卷首編一卷　(清)唐溎　唐淦撰　清道光二十九(一八四九)年怡怡堂活字印本　六册一函　框高二一·六厘米　廣一三·七厘米　十行二十五字白口四週雙邊單黑魚尾版心上鐫『怡怡堂弈譜』　封面鐫『道光己酉鐫　版藏怡怡堂』　清道光二十九年唐淦序　S二二五四

譜錄類

端溪硯史三卷　(清)吳蘭修撰　清道光味菜廬活字印本　二册一函　框高一九·三厘米　廣一三·四厘米　九行十七字小字雙行字同黑口四週雙邊單黑魚尾　封面鐫「味菜廬集印本」　清道光甲午(十四年)盧坤序　有圖　鈐「周氏叔弢」朱文方印　「雙南花館」朱文方印　周叔弢捐贈　S二三五七

端溪硯史三卷　(清)吳蘭修撰　清道光味菜廬活字印本　二册一函　S二三五八

端溪硯史三卷　(清)吳蘭修撰　清道光味菜廬活字印本　二册一函　鈐「周氏叔弢」朱文方印　「雙南華館」朱文方印　S二三五九

乙巳攷察印錫茶土日記不分卷　(清)鄭世璜撰　清光緒三十一(一九〇五)年活字印本　一册一函　框高二〇·五厘米　廣一二·三厘米　十行二十六字無格黑口四週雙邊單黑魚尾　清光緒三十一年鄭世璜自敘　書名依據封面題　S一九八九

勇盧閒詰一卷　(清)趙之謙撰　一九一七年無錫圖書館活字印本　一册一函　框高一五·八厘米　廣一二·八厘米　十行二十三字小字雙行字同下黑口四週雙邊單黑魚尾　書皮鐫「無錫縣圖書館聚珍本　丁巳冬月俞粲題」　卷末牌記鐫「無錫文苑閣排印」　S二三五五

勇盧閒詰一卷　(清)趙之謙撰　一九一七年無錫圖書館活字印本　一册一函　S二三五六

雜家類

墨子閒詁十五卷目錄一卷附錄一卷後語二卷
(清)孫詒讓撰 清光緒二十一(一八九五)年蘇州毛上珍活字印本 六冊一函 框高一九·四厘米 廣一四·八厘米 十一行二十三字小字雙行字同黑口左右雙邊雙黑魚尾 封面鐫「光緒乙未冬蘇州毛上珍聚珍版印成」 清光緒二十一年俞樾序

S二二七四

墨子閒詁十五卷目錄一卷附錄一卷後語二卷
(清)孫詒讓撰 清光緒二十一(一八九五)年蘇州毛上珍活字印本 六冊一函 鈐「雙南華館」白文方印方「新建袁文紹字伯弓藏書印」朱文方印 「曾在袁伯弓處」白文方印 「周氏叔弢」朱文方印 周叔弢捐贈

S二二七三

石林燕語十卷
(宋)葉夢得撰 宇文紹奕攷異 清咸豐四(一八五四)年活字印本 二冊一函 框高一九·七厘米 廣一三·五厘米 九行二十一字小字雙行字同黑口四週單邊 清咸豐四年胡珽後序 鈐「周氏叔弢」朱文方印 「鄞林氏藜照廬圖書」朱文方印 周叔弢捐贈

S二二六六

俟後編六卷補錄一卷附錄一卷

(明)王敬臣撰　清同治八(一八六九)年活字印本　一冊一函　框高一八·七厘米　廣一三·六厘米　九行二十字白口四週單邊單黑魚尾　封面鐫「王仁孝俟後編」　封面牌記鐫「同治己巳初夏印行」　清同治八年王炳跋　鈐「周氏叔弢」朱文方印　周叔弢捐贈

S二二六七

俟後編六卷補錄一卷附錄一卷

(明)王敬臣撰　清同治八(一八六九)年活字印本　一冊一函

S二二六八

仁恕堂筆記一卷

(清)黎士宏撰　清道光十六(一八三六)年東武劉氏金沙郡齋活字印本　一冊一函　框高一二·二厘米　廣一二·三厘米　十一行二十五字白口四週雙邊單黑魚尾　清道光丙申(十六年)劉喜海識語　卷末鐫「閩汀東壁軒活印書局翻刷」　鈐「周氏叔弢」朱文方印　周叔弢捐贈

S二二六九

茶餘客話十二卷

(清)阮葵生撰　戴璐選　清乾隆間七錄齋活字印本　四冊一函　框高一四·四厘米　廣一〇·七厘米　九行二十字白口四週單邊單黑魚尾　封面鐫「七錄齋鐫」　(乾隆)癸丑(五十八年)阮鍾琦跋　鈐「周氏叔弢」朱文方印　「周紹良印」白文方印　周叔弢捐贈

S二二九〇

嗇菴隨筆六卷卷末一卷

(清)陸文衡撰　清光緒二十三(一八九七)年活字印本　二冊一函　框高一八·七厘米　廣一三·一厘米　九行二十一字小字雙行低一格二十字上黑口四週雙邊單黑魚尾　封面鐫「光緒丁酉孟冬德清俞樾署檢」　清光緒丙申(二十二年)陸同壽跋　「周氏叔弢」朱文方印　周叔弢捐贈

S二二六四

雙節堂庸訓四卷

(清)汪輝祖撰　一九一三年活字印本　一册一函　框高一七·一厘米　廣一二·四厘米　十行二十四字白口四週單邊單黑魚尾　一九一三年侯學愈序　著者依雙節堂庸訓自序　卷端題著者「龍莊居士纂」　S二七一三

娱親雅言六卷

(清)嚴元照撰　清光緒十一(一八八五)年王氏㢣園活字印本　四册一函　框高一四·三厘米　廣一〇·八厘米　十行二十一字下黑口左右雙邊單黑魚尾版心下鐫「㢣園王氏刊遯叟手校本」　封面牌記鐫「光緒乙酉嘉平㢣園老民校栞」　清光緒乙酉(十一年)王韜跋　鈐「周氏叔弢」朱文方印　「周紹良印」白文方印　「𧉭齋」朱文方印　周叔弢捐贈　S二二七九

校邠廬抗議二卷

(清)馮桂芬撰　清光緒十一(一八八五)年㢣園活字印本　一册一函　框高一三·六厘米　廣九·七厘米　九行二十字下黑口左右雙邊版心下鐫「廣仁堂校本金閶書舍藏」　封面牌記鐫「光緒乙酉仲夏㢣園老民校印」　鈐「周氏叔弢」朱文方印　周叔弢捐贈　S二一〇八

暨陽答問六卷

(清)蔣彤輯　清道光二十二(一八四二)年洗心玩易之室活字印本　二册一函　框高二〇·二厘米　廣一四厘米　九行二十字白口四週單邊單黑魚尾版心下鐫「洗心玩易之室」　清道光二十二年蔣彤序　鈐「周氏叔弢」朱文方印　「𧉭齋所藏」白文方印　「藝風審定」朱文方印　「雙南華館」白文方印　周叔弢捐贈　S二二六五

麟洲雜著四卷

(清)錢贊黃撰　清光緒二十四(一八九八)年活字印本　二册一函　框高二一·七厘米　廣一五·五厘米　十行二十二字下黑口四週單邊雙黑魚尾　封面鐫「光緒戊戌孟秋」　P三七六二二

隱居放言不分卷

題（清）七十二峯老樵撰　清光緒三十一（一九〇五）年活字印本　一册一函　框高一九厘米　廣一二・五厘米　九行二十二字白口四週雙邊單黑魚尾　清光緒乙巳（三十一年）七十二峯老樵自序　鈐「周氏叔弢」朱文方印　周叔弢捐贈

S二五三六

能改齋漫錄十八卷

（宋）吳曾撰　清活字印本　八册一函　框高二〇・二厘米　廣一四厘米　九行二十一字白口左右雙邊單黑魚尾

S一九六七

緯略十二卷

（宋）高似孫撰　清白鹿山房活字印本　六册一函　框高一八・九厘米　廣一四・三厘米　十行二十字小字雙行字同細黑口四週單邊雙黑魚尾版心下鐫「白鹿山房校印」　鈐「方功慧藏書印」朱文方印　「桂苑藏書」白文長方印　「周氏叔弢」朱文方印　「雙南華館」白文方印　周叔弢捐贈

S二二八〇

日知錄集釋三十二卷附栞誤二卷續栞誤二卷

（清）顧炎武撰　黃汝成集釋　清同治七（一八六八）年朝宗書室活字印本　二十册二函　框高一九・七厘米　廣一三厘米　九行二十四字小字雙行字同白口四週單邊單黑魚尾版心中鐫「日知錄釋」下鐫「朝宗書室」　封面牌記鐫「同治七年戊辰朝宗書室聚珍」　鈐「周氏叔弢」朱文方印　「雙南華館」白文方印　「俞氏珍藏」朱文長方印　「會稽章氏藏書」朱文方印　周叔弢捐贈

S二二七六

學聚堂初稿六卷

（清）姚祖泰撰　清光緒二十四（一八九八）年活字印本　一册一函　框高一七・六厘米　廣一二・五厘米　九行二十五字小字雙行字同黑口四週雙邊單黑魚尾　封面牌記鐫「光緒戊戌中秋日刊」　清光緒二十四年仲珊慍序

S二二七七

學聚堂初稿六卷

（清）姚祖泰撰　清光緒二十四（一八九八）年活字印本　一册一函

S二二七八

史徵內篇四卷 張采田撰　清宣統三(一九一一)年活字印本　二冊一函　框高二〇·七厘米　廣一四·五厘米　十行二十四字小字雙行字同黑口四週單邊單黑魚尾　一九一一年平毅題識　書名本館自擬　鈐「周氏叔弢」朱文方印　周叔弢捐贈

S二一〇六

課餘閒筆不分卷 不著撰人　清活字印本　一冊一函　框高一六·八厘米　廣一二·五厘米　九行二十字下黑口四週雙邊單黑魚尾

S二二七〇

石田雜記一卷 (明)沈周撰　**簣齋雜著一卷** (明)陸埰撰　**寒夜錄三卷** (明)陳宏緒撰　清道光十一(一八三一)年六安晁氏活字印學海類編本　一冊一函　框高一九·四厘米　廣一二·四厘米　九行二十一字白口左右雙邊單白魚尾版心上鐫「學海類編」　鈐「白鍊盦」朱文方印　「周氏叔弢」朱文方印　周叔弢捐贈

S二三〇〇

珊瑚舌雕談初筆八卷 (清)許起撰　清光緒十一(一八八五)年王氏弢園活字印本　四冊一函　框高一三·五厘米　廣九·七厘米　九行二十字黑口左右雙邊單黑魚尾版心中鐫「雕談初筆」下鐫「弢園王氏藏遯叟手校本」　封面牌記鐫「光緒乙酉仲夏弢園老民校印」　清光緒十一年王韜序　鈐「周氏叔弢」朱文方印　周叔弢捐贈

S二二六二

蕉窗九錄一卷 (明)項元汴撰　一九一四年西泠印社活字印本　二冊一函　框高一七·九厘米　廣一三·一厘米　十一行十九字小字雙行字同白口四週單邊單黑魚尾版心下鐫「西泠印社活字本」

S二二八一

封面鐫「甲寅五月吳昌碩」一九一四年吳隱跋　鈐「艮廬收藏」朱文方印　「武林錢氏」白文方印

身世準繩二卷　(清)李迪光輯　清光緒十四(一八八八)年悅止齋活字印本　二册一函　框高一五・六厘米　廣一〇・九厘米　九行二十二字白口左右雙邊單黑魚尾　封面鐫「光緒十四年戊子長夏　悅止齋集錦版排印」　鈐「周氏叔弢」朱文方印　周叔弢捐贈　S二二八八

車鑒初編四卷　(清)松風道人撰　辦香書屋等評　清光緒二十(一八九四)年活字印本　四册一函　框高一七厘米　廣一三・七厘米　十行二十字白口四週雙邊單黑魚尾　清光緒甲午(二十年)枕石軒伴石主人序　目錄後鐫「壽陽楊錫恩校字排印」　鈐「陳氏敦禮」白文方印　S二二八九

救刼寶訓說證不分卷　(清)葉同慶輯　清活字印本　一册一函　框高二五・五厘米　廣一七・五厘米　十一行二十四字白口四週單邊單黑魚尾版心中鐫「禁條」　S二二一三

存　禁條三十則

萬載育嬰堂冊不分卷　(清)楊壽南等撰　清同治五(一八六六)年活字印本　一册一函　九行二十四字白口四週雙邊單黑魚尾　框高二二・七厘米　廣一三・五厘米　清釐契業末鐫「同治五年刊」　清同治四年盧謨序　書名依版心　鈐「周氏叔弢」朱文方印　周叔弢捐贈　S二二八四

費隱與知錄不分卷　(清)鄭復光撰　鄭文釗　汪恩涏校錄　清道光二十二(一八四二)年活字印本　一册一函　框高二〇・二厘米　廣一三・五厘米　十行二十六字小字雙行字同黑口四週單邊單黑魚尾　清道光壬寅(二十二年)包世臣序　書名依版心　鈐「周氏叔弢」朱文方印　「胡運開」白文方印「雙南華館」白文方印　周叔弢捐贈　S二二八三

麟洲雜著四卷　(清)錢贊黄撰　清光緒二十四(一八九八)年活字印本　二册一函　框高二一·七厘米　廣一五·五厘米　十行二十二字下黑口四週單邊雙黑魚尾　封面鐫『光緒戊戌孟秋』　鈐『周氏叔弢』朱文方印　周叔弢捐贈　S二二八六

相長編不分卷　題(清)大羅尊者撰　清活字印本　一册一函　框高一八·五厘米　廣一三厘米　十一行二十四字無格白口左右雙邊單黑魚尾　著者依序　S一九六九

相長編不分卷　題(清)大羅尊者撰　清活字印本　一册一函　S一九七〇

萬載惜字堂册　宋煥奎撰　一九二二年活字印本　一册一函　框高二〇·六厘米　廣一三·五厘米　八行二十三字下黑口四週單邊單黑魚尾　有民國壬戌(一九二二)年辛贊猷跋　書名依版心　鈐『周氏叔弢』朱文方印　周叔弢捐贈　S二二八五

小說家類

想當然耳八卷　(清)鄒鍾撰　清光緒四(一八七八)年聚珍堂活字印本　四册一函　框高一八·三厘米　廣一二·二厘米　十行二十二字白口四週雙邊　封面鐫『聚珍堂書坊發兌　聚珍堂擺印　光緒四　S二二九一

年歲次戊寅首夏校字」

西神叢語不分卷 （清）黃蛟起撰　一九一四年無錫文苑閣活字印本　一冊一函　框高一六・三厘米　廣一三・四厘米　十行二十四字白口四週單邊單黑魚尾　一九一四年侯學愈序　卷末牌記鐫「無錫文苑閣排印」　鈐「周氏叔弢」朱文方印　周叔弢捐贈　S二一五八

談異□卷 （清）伊園主人撰　清光緒十五（一八八九）年皖江節署活字印本　一冊一函　框高一六・七厘米　廣一〇・七厘米　七行十七字白口四週雙邊單黑魚尾　封面牌記鐫「光緒己丑六月用聚珍版印于皖江節署」　鈐「周氏叔弢」朱文方印　周叔弢捐贈　S二二九六

師竹廬隨筆二卷 竇鎮輯　一九一九年活字印本　二冊一函　框高一八・二厘米　廣一三・八厘米　十行二十五字白口四週單邊單黑魚尾　封面鐫「己未孟秋之月校印」　S二二六三

函髻記一卷 盟鷗榭撰　民國間活字印本　一冊一函　框高一三・七厘米　廣一〇・一厘米　八行十四字白口四週單邊單黑魚尾　P三七五四〇

類書類

太平御覽一千卷 （宋）李昉等撰　明游氏活字印本　一冊一函　框高二一・二厘米　廣一五・三厘米　十一行二十二字白口四週單邊單白魚尾版心下鐫「宋本校正游氏活字印行一百餘部」　S二七〇五

存十卷　四百二十一至四百三十

太平御覽一千卷目錄十卷　(宋)李昉等撰　清嘉慶汪昌序重校活字印本　一百二十冊十六函　框高二二厘米　廣一六·五厘米　十一行二十二字白口四週單邊單黑魚尾　S二二九七

經濟要略四卷　(明)應廷育撰　清嘉慶二(一七九七)年活字印本　四冊　九行十九字白口四週單邊單黑魚尾　框高二〇厘米　廣一四·六厘米　清嘉慶二年應曙霞序　鈐『求是堂藏書』朱文方印『夢選廔胡氏宗楙藏』朱文長方印　S一九三九

古今圖書集成　(清)蔣廷錫　陳夢雷輯　清雍正内府刻銅活字印本　九冊四函　框高二一·三厘米　廣一四·七厘米　九行二十字白口四週雙邊單白魚尾　鈐『周氏叔弢』朱文方印　『曾在周叔弢處』朱文方印　周叔弢捐贈　S二七〇二

存十八卷

方輿彙編職方典四卷　一五一三至一五一四　一五二一至一五二二

方輿彙編山川典二卷　一八七至一八八

博物彙編藝術典六卷　六七七至六七八　八一九至八二二

博物彙編草木典二卷　八十七至八十八

理學彙編經籍典四卷　一〇七至一一〇

道家類

老子道德經二卷 (周)李耳撰 (魏)王弼注 清乾隆間武英殿聚珍版叢書本 佚名批校 二冊一函 框高一九・一厘米 廣一二・五厘米 九行二十一字白口四週雙邊單黑魚尾版心下鐫校勘官姓名

S二二二二

列仙傳二卷 題(漢)劉向撰 疑仙傳三卷 題(宋)隱夫玉簡撰 咸豐三(一八五三)年活字印本 一冊一函 框高一九・五厘米 廣一三・四厘米 九行二十一字黑口四週單邊單黑魚尾 清咸豐三年胡珽識 卷末鐫『宜興曹鳳奎刷印』 周叔弢捐贈

S二〇六九

玉樞經篇二十四卷卷首一卷校僞一卷 (清)姚復莊註 清道光二十五(一八四五)年洞梵閣活字印本 三冊一函 框高一八・六厘米 廣一三・一厘米 九行十九字白口四週雙邊單黑魚尾版心下鐫『洞梵閣』 清道光乙巳(二十五年)袁青湘後序 鈐『周氏叔弢』朱文方印 周叔弢捐贈

S二二九八

集部

別集類

蔡中郎集二卷 (漢)蔡邕撰 (明)張溥評 清咸豐五(一八五五)年石經山房活字印本 二冊一函 框高一八厘米 廣一三・一厘米 九行十八字白口四週雙邊單黑魚尾 封面鐫『咸豐乙卯重鐫 石

S二三五二

經山房藏板』 鈐『周氏叔弢』朱文方印 周叔弢捐贈

駱臨海全集十卷 S二三六〇

(唐)駱賓王撰 清同治十(一八七一)年活字印本 四冊一函 框高二一·六厘米 廣一六厘米 十行二十字白口四週雙邊單花魚尾版心上鐫『駱臨海公全集』 封面鐫『同治辛未重訂』 鈐『周氏叔弢』朱文方印 『九峰舊廬珍藏書畫章』朱文方印 周叔弢捐贈

張燕公集二十五卷 S二三五七

(唐)張說撰 清乾隆間武英殿聚珍版叢書本 四冊一函 框高一九·三厘米 廣一二·六厘米 九行二十一字白口四週雙邊單黑魚尾版心下鐫校勘官姓名 鈐『經樓』朱文方印

魯公文集十五卷 S二三五九

(唐)顔真卿撰 清宣統二(一九一〇)年守政書局活字印本 四冊一函 框高二〇·四厘米 廣一四·五厘米 九行二十一字白口四週雙邊單黑魚尾 封面鐫『宣統二年守政書局重印』 清宣統二年袁大化序

魯公文集十五卷 S二三五八

(唐)顔真卿撰 清宣統二(一九一〇)年守政書局活字印本 四冊一函

唐玉屏公詩集二卷榮壽詩一卷附白軒公遺稿一卷 S二三五六

(唐)戴叔倫撰 (清)戴日揚輯 清光緒間活字印本 二冊一函 框高二〇·五厘米 廣一四厘米 八行二十字白口四週單邊單黑魚尾版心上鐫『家學淵源』『榮壽詩』及『白軒公遺稿』 清光緒甲午(二十年)戴日揚識 鈐『周氏叔弢』朱文方印 周叔弢捐贈

孫可之文集二卷 (唐)孫樵撰 清宣統二(一九一〇)年守政書局活字印本 二册一函 框高二〇・一厘米 廣一四・六厘米 七行十五字小字雙行字同白口左右雙邊單黑魚尾 封面牌記鐫「宣統庚戌年守政書局印」 清宣統庚戌(二年)袁大化識 鈐「周氏叔弢」朱文方印 周叔弢捐贈 S二三五四

孫可之文集二卷 (唐)孫樵撰 清宣統二(一九一〇)年守政書局活字印本 二册一函 S二三五五

孫可之文集二卷 (唐)孫樵撰 清宣統二(一九一〇)年守政書局活字印本 四册一函 P三七五六三

魯國儲公詩集不分卷 (唐)儲光羲撰 清光緒十(一八八四)年活字印本 一册一函 九行二十字白口四週雙邊單黑魚尾 框高二二・七厘米 廣一五・七厘米 封面鐫「魯國儲公詩集 光緒甲申重輯」 P三七五七八

桂苑筆耕集二十卷 (朝鮮)崔致遠撰 朝鮮銅活字印本 四册一函 框高二三厘米 廣一六・九厘米 十行二十字白口四週雙邊單黑魚尾版心中鐫「桂苑筆耕」 鈐「王利器印」白文方印 「藏用」朱文方印 S二三六一

宋胡正慧公遺文事蹟合錄二卷 (宋)胡則撰 (清)胡口口輯 清道光二十五(一八四五)年庫川宗祠活字印本 一册一函 框高二〇・五厘米 廣一四・五厘米 九行十八字白口四週單邊單黑魚尾版心上鐫「正惠公集」 封面鐫「正惠公集 道光乙巳年冬輯 庫川宗祠聚珍」 鈐「繡文」朱文方印 「胡維楨印」白文方印 P三七五二二

河南先生文集二十七卷附録一卷　(宋)尹洙撰　清宣統二(一九一〇)年守政書局活字印本　四冊一函　框高二〇·一厘米　廣一四·二厘米　九行二十一字小字雙行字同白口四週單邊單黑魚尾　封面鐫『宣統庚戌年守政書局印』　清宣統二年鄒道沂序　S一九八五

河南先生文集二十七卷附録一卷　(宋)尹洙撰　清宣統二(一九一〇)年守政書局活字印本　鈐『周氏叔弢』朱文方印　周叔弢捐贈　S二三六五

宛陵先生集六十卷　(宋)梅堯臣撰　附録一卷　(清)梅枝鳳輯　附録補遺二卷　(清)梅旹輯　清宣統二(一九一〇)年梅森活字印本　十二冊二函　框高一九·八厘米　廣一三·二厘米　十行二十字白口四週雙邊單黑魚尾版心上鐫『梅詩』　清宣統二年梅森序　S二三六八

欒城集五十卷目録二卷　(宋)蘇轍撰　明活字印本　一冊一函　十行二十字白口四週單邊單白魚尾　框高一九·一厘米　廣一四·二厘米　明嘉靖二十年劉大謨序　鈐『東郡楊氏海原閣藏』白文長方印　『安樂堂藏書記』朱文長方印　『明善堂覽書畫印記』白文長方印　S一九八六

存二卷　目录

後山居士詩集六卷逸詩五卷詩餘一卷　(宋)陳師道撰　魏衍編　(清)陳唐重訂　清雍正間活字印本　周叔弢録胡然批並跋　三　S二三七四

冊一函　框高一七·四厘米　廣一二·四厘米　九行二十一字小字雙行字同黑口左右雙邊單黑魚尾版心中鐫「後山詩集」　清雍正三年吳淳還序　鈐「周氏叔弢」朱文方印　「建德周氏藏書」白文方印　「瑞軒」朱文方印　「周暹」白文方印　周叔弢捐贈

柯山集五十卷　(宋)張耒撰　清活字印本　八冊一函　框高二〇·三厘米　廣一三厘米　九行二十一字白口四週雙邊單黑魚尾提要下鐫「武英殿聚珍版」　各卷末鐫校工名　S二三六四

西臺集二十卷　(宋)畢仲游撰　清乾隆間武英殿聚珍版叢書本　十冊二函　框高一九·三厘米　廣一二·六厘米　九行二十一字白口四週雙邊單黑魚尾版心下鐫校勘官姓名　鈐「嘉惠堂丁氏藏書之記」白文方印　S二三六二

浮溪集三十二卷　(宋)汪藻撰　清乾隆間武英殿聚珍版叢書本　十二冊一夾　框高一九·三厘米　廣一二·五厘米　九行二十一字白口四週雙邊單黑魚尾版心下鐫校勘官姓名　鈐「鄞六一山房董氏藏書」朱文長方印　S二三六三

悅齋文鈔十卷　(宋)唐仲友撰　清活字印金華唐氏遺書本　四冊一函　框高二二·四厘米　廣一六厘米　十行二十一字小字雙行二十六字白口四週雙邊單黑魚尾版心上鐫「金華唐氏遺書」　鈐「夢選廔胡氏宗懋藏」朱文長方印　S一九八三

攻媿集一百十二卷　(宋)樓鑰撰　清乾隆間武英殿聚珍版叢書本　四十八冊八函　框高一九·三厘米　廣一二·五厘米　九行二十一字白口四週雙邊單黑魚尾版心下鐫校勘官姓名　鈐「錢唐丁氏正修堂藏書」朱文方印　S二三六九

劍南詩鈔不分卷　(宋)陸游撰　(清)楊大鶴選　清同治八(一八六九)年群玉齋活字印本　六冊一函　框高一八·五厘米　廣一三·六厘米　九行二十字白口四週單邊單黑魚尾　封面鐫「同治己巳三月群玉齋印」　鈐「李瑞熙」白文橢圓印　「瑞熙讀過」朱文長方印　「周氏叔弢」朱文方印　周叔弢捐贈　S二三七一

劍南詩鈔不分卷　(宋)陸游撰　(清)楊大鶴選　清同治八(一八六九)年群玉齋活字印本　五冊一函　S二三七〇

存　五言古　七言古　五言律　七言律　七言絕句

放翁逸稾二卷家世舊聞一卷齋居紀事一卷　(宋)陸游撰　清養雲書屋活字印本　一冊一函　框高二〇·二厘米　廣一三·六厘米　九行二十一字白口四週單邊雙黑魚尾版心下鐫「養雲書屋」　S二三六七

陳同甫集三十卷　(宋)陳亮撰　清嶺南壽經堂活字印本　八冊一函　框高二三·七厘米　廣一六厘米　十行二十一字白口四週雙邊單黑魚尾　封面鐫「龍川文集　嶺南壽經堂版」　鈐「勤伯珍藏」白文方印　「學須靜室」朱文方印　「周氏叔弢」朱文方印　周叔弢捐贈　S二三七二

陳同甫集三十卷　(宋)陳亮撰　清嶺南壽經堂活字印本　八冊一函　S二三七三

篔窗集十卷　(宋)陳耆卿撰　清光緒二十(一八九四)年葉書輯活字印臨海葉氏蔭玉閣叢書本　二冊一函　框高一七·六厘米　廣一二·九厘米　十行二十一字白口左右雙邊單黑魚尾版心下鐫「臨海葉氏蔭玉閣叢書」　清光緒甲午(二十年)葉書跋　鈐「周氏叔弢」朱文方印　周叔弢捐贈　S二三七五

登西臺慟哭記一卷 (宋)謝翺撰　詠梅軒類編□□卷 (清)謝蘭生輯　清咸豐元(一八五一)年活字印本　一册一函　框高一七·七厘米　廣一三·五厘米　十行二十三字白口左右雙邊單黑魚尾版心上鎸「西臺慟哭記」「詠梅軒類編」　清咸豐元年謝蘭生序　鈐「周氏叔弢」朱文方印　周叔弢捐贈　S二〇六二

存三卷

登西臺慟哭記　全　詠梅軒類編存二卷　八至九

重刻吴淵穎集十二卷附録一卷 (元)吴萊撰　(明)宋濂等編　清光緒三十一(一九〇五)年活字印本　四册一函　框高二〇·八厘米　廣一三·七厘米　十行二十三字白口四週單邊雙黑魚尾版心上鎸「吴淵穎集」　封面鎸「鼎鎸元處士吴淵穎先生文集」　清光緒三十一年虞善揚序　鈐「陳寶泉印」白文方印　「周氏叔弢」朱文方印　「寒在堂」白文方印　周叔弢捐贈　S二三八三

重刻吴淵穎集十二卷附録一卷 (元)吴萊撰　(明)宋濂等編　清光緒三十一(一九〇五)年活字印本　四册一函　S二三八二

重刻柳待制文集二十卷附録一卷 (元)柳貫撰　(明)宋濂等輯　清嘉慶十九(一八一四)年柳氏愛竹居活字印本　八册一函　框高二〇·三厘米　廣一三·九厘米　九行二十字白口左右雙邊單黑魚尾版心上鎸「柳待制文集」下鎸「愛竹居聚珍板」　清嘉慶甲戌(十九年)柳啓猷序　鈐「周氏叔弢」朱文方印　「寒在堂」白文方印　周叔弢捐贈　S二三八〇

倪雲林先生清閟閣詩集六卷 （元）倪瓚撰 （明）蹇曦輯 清閟閣附集二卷 （明）倪峻等撰 諸祖德輯 清閟閣志十二卷 （清）楊殿奎輯 一九一七年倪哲夫活字印本 八冊一函 框高二〇·五厘米 廣一三·八厘米 九行二十字白口四週雙邊單黑魚尾版心上鐫「清閟閣詩集」 封面鐫「丁巳七月」 附集後有民國六年倪哲夫跋 鈐「周氏叔弢」朱文方印 周叔弢捐贈　S二二九九

黃楊集三卷 （元）華幼武撰 （清）華堂重編 清末存裕堂活字印本 二冊一函 框高二三·七厘米 廣一六·三厘米 九行二十五字白口四週單邊單黑魚尾版心下鐫「存裕堂」 鈐「周氏叔弢」朱文方印「寒在堂」白文方印 周叔弢捐贈　S二三七六

黃楊集三卷 （元）華幼武撰 （清）華堂重編 清末存裕堂活字印本 二冊一函　S二三七七

庸菴集十四卷 （元）宋禧撰 清嘉慶十三（一八〇八）年餘姚宋氏活字印本 徐時棟題識 一冊一函 框高二〇·四厘米 廣一四·四厘米 九行十九字白口四週單邊單黑魚尾 封面鐫「嘉慶戊辰夏 餘姚宋氏藏版」 鈐「周氏叔弢」朱文方印 「柳泉書畫」白文方印 「柳泉」白文方印 周叔弢捐贈　S二三八一

存七卷 一至七

鶴年海巢集四卷附錄一卷校譌一卷 (元)丁鶴年撰 戴稷編 清咸豐三(一八五三)年仁和胡氏活字印本 一册一函 框高一九·七厘米 廣一三·五厘米 九行二十一字黑口四週單邊單黑魚尾版心中鐫『丁鶴年集』 清咸豐三年胡珽跋 鈐『周氏叔弢』朱文方印 周叔弢捐贈 S二三七九

昌雩文集二卷 (元)袁君賢撰 清光緒二(一八七六)年活字印本 二册 框高一八·八厘米 廣一一·五厘米 九行二十字下黑口四週雙邊單黑魚尾 封面鐫『昌雩集 光緒二年仲夏』 P三七五九七

高季迪先生大全集十八卷 (明)高啓撰 清光緒十四(一八八八)年活字印本 六册一夾 框高一八·一厘米 廣一一·四厘米 九行二十一字黑口四週單邊單黑魚尾 封面鐫『高青秋詩集』 封面牌記鐫『光緒十有四年五月武進屠寄書首』 鈐『曾藏侯伯文家』朱文方印 『侯學愈印』白文方印 『周氏弢叔』朱文方印 『秦振聲』白文方印 『戢盦』白文方印等 周叔弢捐贈 S二三八八

練公文集一卷詩集一卷卷首一卷附練忠貞集一卷 (明)練安撰 清末活字印本 一册一函 框高二一·六厘米 廣一四·一厘米 九行二十五字白口四週單邊單黑魚尾 清同治己巳(八年)劉杰祭文 書名依版心 鈐『周氏叔弢』朱文方印 周叔弢捐贈 S二四一二

補刊全室外集九卷續集一卷 (明)釋宗泐撰 李樹封校 一九一五年金嗣獻輯活字印赤城遺書彙刊本 二册一函 框高一八·四厘米 廣一三·一厘米 十 S二三九六

行二十二字白口四週雙邊單黑魚尾版心上鐫「全室外集」下鐫「赤城遺書彙刊」封面鐫「全室外集」封面牌記鐫「乙卯季夏李氏校刊」卷末鐫「用天台齊孝愍聚珍板印」鈐「溫嶺何玉田珍藏」朱文大方印

兩谿文集二十四卷　（明）劉球撰　清宣統二（一九一〇）年守政書局活字印本　四冊一函　框高二〇·六厘米　廣一四·五厘米　九行二十一字白口四週雙邊單黑魚尾　封面鐫「兩谿劉忠愍公文集」封面牌記鐫「宣統庚戌年守政書局印」　清宣統庚戌（二年）袁大化序　鈐「周氏叔弢」朱文方印　S二三八九

兩谿文集二十四卷　（明）劉球撰　清宣統二（一九一〇）年守政書局活字印本　六冊一函　S二三九〇

溪園詩稿九卷溪園遺稿五卷　（明）駱象賢撰　清嘉慶十（一八〇五）年活字印本　三冊一函　框高二〇·三厘米　廣一四·九厘米　九行二十字白口四週單邊單黑魚尾　清嘉慶乙丑（十年）余振叙文　S二三八七

溪園詩稿九卷溪園遺稿五卷　（明）駱象賢撰　清嘉慶十（一八〇五）年活字印本　一冊一函　S二三八五
存五卷　溪園遺稿

溪園遺稿五卷梅花百詠一卷　（明）駱象賢撰　一九一五年活字印本　一冊一函　框高二一·二厘米　廣一四·九厘米　十行二十三字白口四週單邊單黑魚尾　S二三八四

溪園遺稿五卷梅花百詠一卷　(明)駱象賢撰　一九一五年活字印本　一册一函　S二三八六

東原遺集二卷　(明)杜瓊撰　(清)韓崇校　清道光二十九(一八四九)年韓氏寶鐵齋活字印本　四册一函　框高二〇·六厘米　廣一四·六厘米　八行二十一字白口四週單邊黑魚尾　封面鐫『杜東原先生遺集』　封面牌記鐫『道光二十又九年夏日寶鐵齋韓氏印行』　卷末有道光二十九年韓崇跋　書名依版心　S二三九七

商文毅公集六卷　(明)商輅撰　(清)張一魁輯　皇明三元太傅商文毅公年譜四卷　(明)商振倫編　商之彝等校　(清)商集祥重校　清保傳堂活字印本　二册一函　框高二三·一厘米　廣一五·五厘米　十行二十字白口四週單邊黑魚尾　『年譜』下書口鐫『保傳堂』　存五卷　商文毅公集　一至三　年譜　一至二　S二四一四

商文毅公集六卷　(明)商輅撰　(清)張一魁輯　一九一九年王家琦活字印本　二册一夾　框高二三·四厘米　廣一五·八厘米　十行二十字白口四週單邊黑魚尾　民國八年王家琦序　書簽題名『商文毅公文集』　S二四一五

明夏赤城先生文集二十三卷卷首一卷　(明)夏鍭撰　趙方厓定　清乾隆三十七(一七七二)年夏氏映南軒活字印本　六册一函　框高二二·八厘米　廣一五·三厘米　十行二十字白口四週單邊單黑魚尾版心上鐫『夏赤城先生文集』下鐫『映南軒』　清乾隆壬辰(三十七年)夏名賢跋　S二三九一

明夏赤城先生文集二十三卷卷首一卷　(明)夏鍭撰　趙方厓定　(清)夏鴻藻校　清光緒十九(一八九三)年夏氏活字印本　六冊一夾　框高二三·三厘米　廣一六·六厘米　十行二十字白口四週雙邊單黑魚尾版心上鐫「夏赤城先生文集」下鐫「映南軒」　封面鐫「光緒癸巳長至節」　清光緒十九年金文田序　鈐「周氏叔弢」朱文方印　「寒在堂」白文方印　周叔弢捐贈　S二四一七

中峰制藝一卷　(明)董玘撰　清光緒間董氏取斯家塾活字印本　一冊一函　框高一九·六厘米　廣一三·二厘米　九行二十一字白口四週單邊單黑魚尾版心下鐫「取斯家塾」　清光緒丁亥(十三年)董金鑑題識　(後七篇為董懋策千古堂刻本　十行二十一字黑口左右雙邊)　書名依版心　鈐「周氏叔弢」朱文方印　周叔弢捐贈　S二四〇一

竹窗存稿一卷　(明)陳宏撰　清光緒葉書輯活字印葉氏蔭玉閣叢書本　一冊一函　框高一七·七厘米　廣一三厘米　十行二十一字白口左右雙邊單黑魚尾版心下鐫「蔭玉閣排印」　S二四〇三

謝文正公歸田稿八卷年譜一卷　(明)謝遷撰　一九一八年閣老第活字印本　二冊一函　框高二〇·六厘米　廣一四·八厘米　十行二十二字白口四週單邊單黑魚尾版心下鐫「閣老第排印本」　封面牌記鐫「中華民國七年閣老第排印本」　鈐「周氏叔弢」朱文方印　周叔弢捐贈　S二四一八

讀書後八卷　(明)王世貞撰　清味菜盧活字印本　四冊一函　框高一九·二厘米　廣一三·五厘米　九行十七字黑口四週雙邊單黑魚尾　封面牌記鐫「味菜廬集印本」　S二三九八

讀書後八卷　(明)王世貞撰　清味菜盧活字印本　佚名墨筆題識　八冊一函　鈐「固安賈氏藏書印」朱文方印　「賈廷琳印」白文方印　「周氏叔弢」朱文方印等　S二三九九

楊忠愍公全集三卷　(明)楊繼盛撰　(清)毛奇齡鑒定　章鈺重訂　清光緒間楊定遠校活字印本　二冊一函　框高一九·五厘米　廣一三厘米　九行二十字白口四週雙邊單黑魚尾版心上鐫「楊椒山集」　鈐「周氏叔弢」朱文方印　周叔弢捐贈　S二四〇六

楊忠愍公全集四卷　(明)楊繼盛撰　(清)毛奇齡鑒定　章鈺重訂　清宣統二(一九一〇)年守政書局活字印本　四冊一函　框高二〇厘米　廣一四·二厘米　九行二十一字白口四週單邊單黑魚尾　封面鐫「楊椒山先生全集　宣統庚戌年守政書局印」　S二四〇八

楊忠愍公全集四卷　(明)楊繼盛撰　(清)毛奇齡鑒定　章鈺重訂　清宣統二(一九一〇)年守政書局活字印本　四冊一函　S二四〇七

增輯楊忠愍公集不分卷附錄一卷　(明)楊繼盛撰　(清)楊定遠編　清光緒二十(一八九四)年活字印本　二冊一函　框高一九·六厘米　廣一三·一厘米　九行二十字白口四週雙邊單黑魚尾　清光緒二十年楊定遠序　鈐「周氏叔弢」朱文方印　周叔弢捐贈　S二四〇九

東廓鄒先生文集十二卷　(明)鄒守益撰　董燧等編校　清活字印本　八册一函　框高二〇・七厘米　廣一三・一厘米　九行二十四字白口四週單邊單黑魚尾　S二四〇二

萬一樓集五十六卷存六卷　一至六　(明)駱問禮撰　清嘉慶間活字印本　二册一函　框高二〇・六厘米　廣一四・八厘米　九行二十字白口四周單邊單黑魚尾　S二三九四

萬一樓集五十六卷續集六卷外集十卷　(明)駱問禮撰　民國間活字印本　十二册二函　框高二一厘米　廣一四・八厘米　十行二十三字白口四週單邊單黑魚尾　【外集】卷末有【民國四年重刊】認刊表　S二三九五

萬一樓集五十六卷續集六卷外集十卷存六卷　續集　(明)駱問禮撰　民國間活字印本　一册一函　S二三九二

萬一樓集五十六卷續集六卷外集十卷存十卷　外集　(明)駱問禮撰　民國間活字印本　一册一函　S二三九三

歸震川四書論不分卷　(明)歸有光撰　邵恒照輯　民國間蘇州毛上珍活字印本　一册一函　框高一九・三厘米　廣一三・七厘米　十行二十四字下黑口左右雙邊單黑魚尾　卷末　S二七一四

鐫『常熟制心蝯室付印』『蘇州毛上珍聚珍板印成』 書名依版心

沈青門詩集一卷 (明)沈仕撰 **附錄一卷** (清)沈祖緜輯 一九一八年西泠印社活字印本 一冊一函 框高一七・二厘米 廣一二・二厘米 十行十八字白口四週單邊單黑魚尾 封面牌記鐫『戊午季秋以西泠印社仿宋聚珍版排印』 S二四一三

正志稿十卷 (明)林貴兆撰 清宣統二(一九一〇)年太平陳氏活字印本 二冊一函 框高一八・四厘米 廣一三・二厘米 十行二十二字白口四週雙邊單黑魚尾版心下鐫『太平陳氏編印』 封面牌記鐫『宣統庚戌夏月太平陳氏排印』 卷末鐫『用天台齊孝慤斌夫聚珍版印』 鈐『周氏叔弢』朱文方印 周叔弢捐贈 S二四一〇

寒螿詩稿存一卷 (明)辛丑年撰 一九一六年活字印本 一冊一函 框高二一・六厘米 廣一五・九厘米 九行二十字白口四週單邊單黑魚尾 有丙辰(一九一六)年顧寶琛序 P三七六一九

高忠憲公詩集八卷 (明)高攀龍撰 (清)高廷琛等編校 清同治十二(一八七三)年高光照等活字印本 二冊一函 框高二〇厘米 廣一四・二厘米 九行十九字白口四週單邊單黑魚尾版心上鐫『忠憲公詩集』 封面鐫『同治癸酉重鐫 天爵堂原本』 清同治十二年高光照跋 鈐『周氏叔弢』朱文方印『寒在堂』白文方印 周叔弢捐贈 S二四〇五

史忠正公集四卷卷首一卷卷末一卷 (明)史可法撰 (清)史山清輯 史開純等校 清教忠堂活字印本 四冊一函 框高一八・八厘米 廣一三厘米 十行二十一字白口左右雙邊單黑魚尾 封面鐫『教忠堂藏板』 鈐『周氏叔弢』朱文方印 周叔弢捐贈 S二四一九

懼菴遺集不分卷　(明)黃震象撰　清同治三(一八六四)年繩其武齋活字印本　二册一函　框高二〇·八厘米　廣一三厘米　十行二十二字白口四週雙邊單黑魚尾版心上鐫『懼菴遺集』　封面鐫『廬陵黃懼菴先生遺集』　封面牌記鐫『同治甲子秋繩其武垒聚珍版排印』　書名據版心　S二五四九

錦鱗詩集十八卷附錄一卷　(明)劉同昇撰　(清)劉逢源訂　一九三七年活字印本　六册一函　框高二五·一厘米　廣一四·七厘米　十二行二十八字白口四週雙邊單黑魚尾　民國二十六年劉克篤序　鈐『周氏叔弢』朱文方印　周叔弢捐贈　S二四〇〇

保閒堂集二十六卷　(清)趙士春撰　清光緒九(一八八三)年常熟趙氏活字印本　四册一函　框高二〇·九厘米　廣一三·七厘米　九行二十一字小字雙行字同白口四週單邊單黑魚尾　封面牌記鐫『光緒癸未孟冬常熟趙氏用聚珍板刷印』　卷二十六原佚　S二六〇八

悟秋草堂詩集十卷傳一卷　(明)顧杲撰　清光緒元(一八七五)年顧綬珊活字印本　二册一函　框高二〇·七厘米　廣一三·二厘米　九行十九字白口四週單邊單黑魚尾　清光緒乙亥(一年)顧綬珊跋　鈐『周氏叔弢』朱文方印　周叔弢捐贈　S二四〇四

石臼前集九卷後集七卷　(明)邢昉撰　(清)宋至等校　清高淳吳四寶堂活字印本　六册一函　框高一七·四厘米　廣一三·二厘米　十行十九字白口四週單邊單黑魚尾　卷末鐫『高湻吳四寶堂聚珍刷印』　鈐『周氏叔弢』朱文方印　周叔弢捐贈　S二四一一

寶綸堂集十卷拾遺一卷傳一卷軼事一卷　(明)陳洪綬撰　陳字購輯　清光緒十四(一八八八)年董氏取斯堂活字印本　八　S二四六三

冊一函　框高一八·四厘米　廣一三·七厘米　十行二十字白口四週單邊單黑魚尾版心下間鐫「取斯家塾」封面牌記鐫「光緒戊子春會稽董氏取斯堂重刊」　有像　鈐「周氏叔弢」朱文方印　「櫞俊私印」白文方印　周叔弢捐贈

寶綸堂集十卷拾遺一卷傳一卷軼事一卷　(明)陳洪綬撰　陳字購輯　清光緒十四(一八八八)年董氏取斯堂活字印本　一冊一函　S二四七八

存三卷　寶綸堂集卷一　傳一卷　軼事一卷

鈍翁文錄十六卷　(清)汪琬撰　金吳瀾選　清光緒十三(一八八七)年鋤月種梅室活字印巾箱本　六冊一函　框高一四·六厘米　廣一〇·一厘米　九行二十一字黑口左右雙邊雙黑魚尾　封面鐫「光緒十三年丁亥閏四月上澣　鋤月種梅室初製集錦試印」　清光緒十三年金吳瀾序　鈐「周氏叔弢」朱文方印　周叔弢捐贈　S二四五八

鈍翁文錄十六卷　(清)汪琬撰　金吳瀾選　清光緒十三(一八八七)年鋤月種梅室活字印巾箱本　六冊　S二四五九

文貞公集十二卷卷首一卷　(清)張玉書撰　清光緒二十七(一九〇一)年活字印本　十二冊一函　框高二二厘米　廣一三·六厘米　八行二十字白口四週單邊單黑　S二六〇三

魚尾　封面牌記鐫『光緒辛丑秋八月印』

浣香閣遺稿一卷　(清)徐昭華撰　**附錄遺詩一卷**　(清)胡慎儀等撰　清道光二十七(一八四七)年活字印本　一冊一函　框高一七・三厘米　廣一一・三厘米　九行二十字白口四週單邊　清道光丁未(二十七年)駱啓泰序　鈐『周氏叔弢』朱文方印　『毛賞私印』白文方印　周叔弢捐贈　S二四七一

篤素堂文集四卷　(清)張英撰　**澄懷園語四卷**　(清)張廷玉撰　清乾隆間活字印本　四冊一夾　框高一九・九厘米　廣一四・二厘米　九行二十字白口四週單邊單黑魚尾　清乾隆間張曾識文　鈐『周氏叔弢』朱文方印　周叔弢捐贈　S二三〇八

篤素堂文集四卷　(清)張英撰　**澄懷園語四卷**　(清)張廷玉撰　清乾隆間活字印本　二冊一函　鈐『海如珍藏』朱文方印　『子孫保之』朱文方印　S二二五三

寒香館遺稿十卷　(清)辛陞撰　一九一六年活字印本　二冊一函　框高二二・五厘米　廣一六厘米　九行二十一字下黑口四週單邊單黑魚尾　民國五年辛幹跋　S二四五六

寒香館遺稿十卷　(清)辛陞撰　一九一六年活字印本　二冊一函　S二四五七

秋水集詩八卷詞二卷校勘記一卷傳誌一卷 (清)嚴繩孫撰 一九一七年無錫縣圖書館活字印本 四冊一函 框高一八・一厘米 廣一二・一厘米 九行十九字下黑口四週單邊單黑魚尾 封面鐫「丁巳十月孫揆均」 封面牌記鐫「無錫圖書館校刊」 鈐「周氏叔弢」朱文方印 周叔弢捐贈 S二四七二

秋水集詩八卷詞二卷校勘記一卷傳誌一卷 (清)嚴繩孫撰 一九一七年無錫縣圖書館活字印本 四冊 S二四七三

秋水集詩八卷詞二卷校勘記一卷傳誌一卷 (清)嚴繩孫撰 一九一七年無錫縣圖書館活字印本 四冊 鈐「周氏叔弢」朱文方印 周叔弢捐贈 S二四七四

存八卷 秋水集詩

呂晚村先生文集八卷附錄一卷 (清)呂留良撰 一九二九年錢振鍠活字印本 四冊一函 框高二一・七厘米 廣一五・六厘米 十行二十字黑口四週雙邊雙黑魚尾版心中鐫「晚村文集」 民國己巳(一九一二)年錢振鍠序 鈐「周氏叔弢」朱文方印 「朱得森印」朱文方印 周叔弢捐贈 S二四九一

呂晚村先生文集八卷附錄一卷　(清)呂留良撰　一九二九年錢振鍠活字印本　四冊一函　S二四九三

寒支初集十卷　(清)李世熊撰　清道光七(一八二七)年陳塏活字印本　十冊二函　框高二二厘米　廣一四·六厘米　九行二十二字白口四週雙邊單黑魚尾　清道光七年陳塏序　鈐「周氏叔弢」朱文方印　周叔弢捐贈　S二四二五

寒支二集六卷卷首一卷　(清)李世熊撰　清道光八(一八二八)年陳塏活字印本　六冊一函　框高二二厘米　廣一三·六厘米鈐　九行二十二字白口左右雙邊單黑魚尾　鈐「周氏叔弢」朱文方印　周叔弢捐贈　S二四七五

寒支二集六卷卷首一卷　(清)李世熊撰　清道光八(一八二八)年陳塏活字印本　六冊一函　鈐「周氏叔弢」朱文方印　周叔弢捐贈　S二四七六

愧訥集十二卷　(清)朱用純撰　一九二九年活字印本　四冊一函　框高一八·三厘米　廣一四·六厘米　十行二十三字白口四週單邊單黑魚尾　封面鐫「民國十八年　崑葆管祠產委員會敬贈」　鈐「周氏叔弢」朱文方印　周叔弢捐贈　S二四四六

石渠詩草五卷　(清)夏慶謦撰　一九三五年夏氏大雅堂活字印本　一冊一函　框高二一·七厘米　廣一五·一厘米　十行二十一字白口四週雙邊單黑魚尾版心下鐫「大雅堂」　封面牌記鐫「大雅堂藏版　民國乙亥歲刊」　鈐「周氏叔弢」朱文方印　周叔弢捐贈　S二五七一

南山全集十六卷　(清)戴名世撰　王哲訂　王廷彦等校　清光緒十六(一八九〇)年活字印本　朱憲章墨筆題識　八册一函　框高二〇·五厘米　廣一三·五厘米　十行二十一字黑口左右雙邊單黑魚尾版心中鐫「南山集」　卷端題著者「桐城宋潛虛著」　清光緒十六年王哲序　鈐「周氏叔弢」朱文方印「寒在堂」白文方印　周叔弢捐贈　清代禁書

S二四二六

南山全集十六卷　(清)戴名世撰　王哲訂　王廷彦等校　清光緒十六(一八九〇)年活字印本　八册一函

S二四二七

南山全集十六卷　(清)戴名世撰　清光緒十九(一八九三)年印鴻堂活字印巾箱本　黄天癡題識　八册一函　框高一三·四厘米　廣八·六厘米　十行二十二字黑口四週單邊單黑魚尾　封面鐫「潛虛先生文集」　封面牌記鐫「光緒十有九年歲在癸巳仲夏月印鴻堂重鐫」　卷端題著者「桐城戴潛虛田有著」　鈐「曼匋藏書」朱文方印「競履六十歲以後以字行」白文方印「黄端之印」白文方印「黄氏景呂曾讀」白文方印　清代禁書

S二五八八

南山集十四卷補遺三卷傳一卷年譜一卷　(清)戴名世撰　清光緒二十六(一九〇〇)年活字印本　八册一函　框高二〇·一厘米　廣一三厘米　十行十九字黑口四週雙邊單黑魚尾　封面鐫「南山文集」　封面牌記鐫「光緒二十六年夏月重鐫」　卷端題著者「桐城戴褐夫著」　鈐「周氏叔弢」朱文方印「寒在堂」白文方印　周叔弢捐贈　清代禁書

S二五八九

南山集十四卷補遺三卷傳一卷年譜一卷　(清)戴名世撰　清光緒二十六(一九〇〇)年活字印本　八册一函

S二五九〇

南山集十四卷補遺三卷傳一卷年譜一卷　（清）戴名世撰　一九一八年時還書屋活字印本　十冊一函　框高一九·七厘米　廣一二·七厘米　十行二十四字黑口四週雙邊單黑魚尾　封面牌記鐫「時還書屋重刊　官堆裝訂拾本　發行處大德堂萬卷樓」　卷末鐫「民國戊午年秋七月校定重刊」　卷端題著者「桐城戴褐夫著」　鈐「周氏叔弢」朱文方印　「宁園圖畫之印」朱文方印　周叔弢捐贈　清代禁書　S二四二八

潛虛先生文集十四卷年譜一卷補遺一卷　（清）戴名世撰　清光緒十八（一八九二）年活字印本　八冊一函　框高一八·四厘米　廣一三厘米　十行十九字下黑口四週雙邊單黑魚尾　封面鐫「潛虛文集」　封面牌記鐫「光緒十八年仲夏月重鐫」　卷端題著者「桐城宋潛虛著」　清代禁書　S二六〇二

潛虛先生文集十四卷　（清）戴名世撰　尤雲鶚編　清末活字印本　八冊一函　框高二二厘米　廣一二·七厘米　十行二十四字白口四週單邊單黑魚尾版心上鐫「南山集」下鐫「乙酉刊」　卷端題著者「桐城戴潛虛著」　鈐「周氏叔弢」朱文方印　「寒在堂」白文方印　周叔弢捐贈　清代禁書　S二四二九

習是堂文集二卷附年譜一卷　（清）曾倬撰　曾之撰校　清光緒二十（一八九四）年常熟曾氏義莊活字印本　一冊一函　框高一六·六厘米　廣一三厘米　十行二十四字白口左右雙邊單黑魚尾　封面鐫「曾一川先生習是堂文集」　封面牌記鐫「光緒二十年七月常熟曾氏義莊刊」　牌記框外鐫「無錫文苑閣排印」　鈐「周氏叔弢」朱文方印　周叔弢捐贈　S一九七二

習是堂文集二卷附年譜一卷 (清)曾倬撰 曾之撰校 清光緒二十(一八九四)年常熟曾氏義莊活字印本 一冊一函 S二五二二

習是堂文集二卷附年譜一卷 (清)曾倬撰 曾之撰校 清光緒二十(一八九四)年常熟曾氏義莊活字印本 一冊一函 鈐「周氏叔弢」朱文方印 周叔弢捐贈 S二五二三

讀易廬詩文集不分卷 (清)華學泉撰 華芳洲輯 一九二八年活字印本 華震磬墨筆批注 一冊一函 框高二二·三厘米 廣一五·三厘米 九行二十二字黑口四週單邊單黑魚尾 民國十七年華保真序 鈐「周氏叔弢」朱文方印 周叔弢捐贈 S二四四八

中江紀年詩集四卷 (清)袁啓旭撰 清光緒十七(一八九一)年紫蘭書屋活字印本 四冊一函 框高二一·一厘米 廣一五·七厘米 十行十九字白口四週單邊單黑魚尾 封面鐫「光緒辛卯冬紫蘭書屋重鐫」 清光緒十七年章綬引文 鈐「周氏叔弢」朱文方印 「寒在堂」白文方印 周叔弢捐贈 S二四六一

鄭靜菴先生詩集五卷文集五卷別集一卷醒世格言一卷 (清)鄭日奎撰 清活字印本 四冊一函 框高二〇·二厘米 廣一三·四厘米 九行十九字白口四週雙邊單黑魚尾版心上分別鐫「詩集」「文集」「別集」及「醒世」 封面鐫「鄭靜菴先生全集」 S二五四七

鳳皇山錢陸靖存梅氏遺稿詩一卷詞一卷文一卷 （清）錢介城撰 繆曾湛校 一九一九年常熟承古堂活字印本 二冊一函 框高一八·六厘米 廣一三·二厘米 八行二十二字下黑口左右單邊上下雙邊單黑魚尾版心上鐫「錢存梅遺稿」 封面鐫「錢存梅先生遺稿」 封面牌記鐫「民國八年己未冬月常熟繆承古堂精校排印」 鈐「周氏叔弢」朱文方印 周叔弢捐贈 S二五六七

鳳皇山錢陸靖存梅氏遺稿詩一卷詞一卷文一卷 （清）錢介城撰 繆曾湛校 一九一九年常熟承古堂活字印本 二冊一函 S二五六八

鐵莊文集八卷 （清）陸楣撰 清光緒二十一（一八九五）年曹氏樂善堂活字印本 三冊一函 框高一七·八厘米 廣一三·七厘米 十行二十四字黑口左右雙邊雙黑魚尾 封面鐫「光緒乙未閏五月印聚珍版 曹氏樂善堂初校本」 S二五四二

竹雲堂稿文八卷詩三卷詩餘一卷 （清）沈宜撰 清光緒二十一（一八九五）年活字印本 六冊一函 框高二〇·五厘米 廣一四·六厘米 九行十九字白口四週雙邊單黑魚尾 封面鐫「光緒乙未仲夏重鐫」 S二四三三

恕谷後集十三卷 （清）李塨撰 馮辰校 清活字印本 四冊一函 框高二一厘米 廣一五·五厘米 九行二十四字白口四週雙邊單黑魚尾 清雍正四年閻鎬序 鈐「周氏叔弢」朱文方印「寒在堂」白文方印 周叔弢捐贈 S二四四五

大兖集五卷 （清）錢龍惕撰 王元覲校 一九一九年活字印本 二冊一函 框高一八·六厘米 廣一三·一厘米 八行二十一字黑口上下雙邊雙黑魚尾 一九一九年王元覲跋 鈐「周氏叔弢」朱文方印 S二五七六

『孝標』朱文方印　周叔弢捐贈

原存二卷　四至五

大兖集五卷　(清)錢龍惕撰　王元觀校　一九一九年活字印本　二册一函　S二六一八

原存二卷　四至五

顧雙溪集九卷　(清)顧奎光撰　清光緒二十一(一八九五)年活字印本　二册一函　框高一六·六厘米　廣一二·九厘米　十行二十四字下黑口左右雙邊單黑魚尾　封面牌記鐫『光緒乙未擺印』　清光緒乙未(二十一年)顧森書跋　鈐『周氏叔弢』朱文方印　周叔弢捐贈　S二四八四

顧雙溪集九卷　(清)顧奎光撰　清光緒二十一(一八九五)年活字印本　二册一函　S二五八四

響泉集詩十七卷文一卷詞二卷　(清)顧光旭撰　顧鳴鳳校　清宣統二(一九一〇)年無錫顧氏活字印本　四册一函　框高一六·四厘米　廣一三·三厘米　十行二十四字小字雙行字同下黑口四週單邊單黑魚尾版心下鐫『無錫顧氏重校定本』　封面鐫『宣統庚戌無錫顧氏重刊』　各卷末鐫『無錫文苑閣排印』　清宣統二年顧鳴鳳序　鈐『周氏叔弢』朱文方印　周叔弢捐贈　S二四八一

立齋遺詩六卷附錄一卷　(清)郭家騊撰　清宣統三(一九一一)年郭氏舫廔活字印本　一冊一函　框高二〇厘米　廣一四·九厘米　十行二十一字黑口四週單邊單黑魚尾　封面鐫『舫廔藏板』　清宣統三年郭振鵬跋　S二四五二

培遠堂手劄節存三卷　(清)陳宏謀撰　清同治十三(一八七四)年唐濟重校活字印本　三冊一函　框高一八·八厘米　廣一三·三厘米　九行十七字白口四週單邊單黑魚尾　封面鐫『同治甲戌孟秋　月桂林唐濟重刊』　鈐『周氏叔弢』朱文方印　周叔弢捐贈　S二六九七

培遠堂手劄節存三卷　(清)陳宏謀撰　清同治十三(一八七四)年唐濟重校活字印本　三冊一函　S二四四四

兩當軒集二十卷附錄六卷　(清)黃景仁撰　**攷異二卷**　(清)黃志述撰　清同治十二(一八七三)年集珍齋活字印本　六冊一函　框高一八·五厘米　廣一三·六厘米　九行二十字黑口四週單邊雙黑魚尾　封面鐫『仲則先生兩當軒集　癸酉九月集珍齋印』　鈐『周氏叔弢』朱文方印　『寒在堂』白文方印　周叔弢捐贈　S二四六九

兩當軒集二十二卷附錄四卷　(清)黃景仁撰　**攷異二卷補一卷**　(清)黃志述撰　一九二四年篤倫堂活字印本　六冊一函　十行十八字白口四週單邊單黑魚尾　框高一七·八厘米　廣一三厘米　封面鐫『重刊兩當軒全集二十二卷』　封面牌記鐫『民國甲子年篤倫堂校刷』　牌記外鐫『安徽銅陵縣橫塘村張聿生印』　鈐　S二四七〇

『周氏叔弢』朱文方印　周叔弢捐贈

存二十八卷　兩當軒集全　附錄全　攷異上　補全

辟疆園遺集十卷傳一卷　(清)顧敏恒撰　清光緒十八(一八九二)年活字印本　四冊一函　框高一七・九厘米　廣一三・八厘米　十行二十二字下黑口四週雙邊單黑魚尾　封面牌記鐫『光緒壬辰秋七月重印李二泉』　清光緒壬辰(十八年)余一鼇後記　鈐『周氏叔弢』朱文方印　周叔弢捐贈　S二四六四

容甫先生遺詩五卷補遺一卷附錄一卷　(清)汪中撰　清光緒十一(一八八五)年維揚述古齋活字印本　一冊一函　框高二〇・二厘米　廣一二・八厘米　九行二十字小字雙行字同白口四週雙邊單黑魚尾版心下鐫『述古齋排印』　封面鐫『汪容甫先生遺詩集』　封面牌記鐫『仿古聚珍木板　光緒乙酉年秋七月　維陽述古齋較印』　鈐『周氏叔弢』朱文方印　周叔弢捐贈　S二四九六

容甫先生遺詩五卷補遺一卷附錄一卷　(清)汪中撰　清光緒十一(一八八五)年維揚述古齋活字印本　二冊一函　S二五九三

慕巖詩略五卷瓠尊山人佚詩一卷　(清)夏熙臣撰　一九三五年夏氏尚忠堂活字印本　二冊一函　框高二三厘米　廣一五・一厘米　十行二十一　S二五七二

字白口四週雙邊單黑魚尾版心下鐫『尚忠堂』 封面鐫『民國乙亥仲冬』 封面牌記鐫『尚忠堂藏版』 鈐『周氏叔弢』朱文方印 周叔弢捐贈

詩概六卷 (清)陳毅撰 清光緒二十四(一八九八)年活字印本 二冊一函 框高一八·四厘米 廣一二·九厘米 九行二十一字白口四週雙邊單黑魚尾版心上鐫『古漁詩概』 清光緒戊戌(二十四年)舒紹基跋 鈐『舒少軒藏書印』朱文方印 S二五八六

南邨詩稿二十四卷 (清)潘高撰 清光緒十四(一八八八)年鶴江草堂活字印本 四冊一函 框高二〇·八厘米 廣一四·一厘米 八行二十字小字雙行字同白口四週單邊單黑魚尾版心下鐫『鶴江草堂』 封面鐫『鶴江草堂集 光緒戊子歲重訂 活字板校印』 清光緒十四年于文燮序 S二四五四

任午橋存稿三卷 (清)任朝楨撰 任煃等校訂 清同治錦石書屋活字印本 一冊一函 框高二〇·四厘米 廣一四·二厘米 九行二十一字白口四週單邊單黑魚尾版心下鐫『錦石書屋』 清同治八年任光熊等跋 書名依據封面 S二四三〇

詠梅軒稿六卷 (清)謝蘭生撰 清同治間活字印本 二冊一函 框高二一·一厘米 廣一四·五厘米 八行二十字白口四週單邊單黑魚尾 清同治己巳(一八六九)年徐壽基序 鈐『周氏叔弢』朱文方印 周叔弢捐贈 S二四八三

芙蓉山館全集二十卷 (清)楊芳燦撰 清光緒十七(一八九一)年劉繼增校活字印本 八冊一函 框高一七·六厘米 廣一三·三厘米 十行二十四字下黑口四週單邊單黑魚尾 封面鐫題識『……(光緒)辛卯秋九月全集始以聚珍版印成……』『無錫匡寶才排印』 鈐『周氏叔弢』朱文方印 周叔弢捐贈 S二六八七

芙蓉山館詩鈔八卷補鈔一卷
芙蓉山館詞鈔二卷附鈔一卷
芙蓉山館文鈔八卷

芙蓉山館志序存稿一卷移箏詞一卷扨蓮詞一卷 （清）楊芳燦撰 雲陽紀事一卷覺夢詞一卷 （清）余紹元撰 清光緒十三（一八八七）年賜書堂活字印本 一册一函 框高二三・八厘米 廣一六厘米 十行二十五字上黑口左右雙邊單黑魚尾版心下鐫『賜書堂』 雲陽紀事、覺夢詞下書口鐫『福履堂』 封面牌記鐫『光緒丁亥九月聚珍板排印本』 書名依封面 S二四六八

芙蓉山館師友尺牘一卷附書一卷 （清）楊芳燦撰 清光緒十三（一八八七）年賜書堂活字印本 一册一函 框高二三・八厘米 廣一六厘米 十行二十五字上黑口左右雙邊單黑魚尾版心下鐫『賜書堂』 封面牌記鐫『光緒丁亥秋仲聚珍板排印本』 鈐『周氏叔弢』朱文方印 周叔弢捐贈 S二四六六

芙蓉山館師友尺牘一卷附書一卷 （清）楊芳燦撰 清光緒十三（一八八七）年賜書堂活字印本 一册一函 S二四六七

惜抱軒外稿不分卷　(清)姚鼐撰　清光緒十四(一八八八)年遂園活字印本　三冊一函　框高二〇・二厘米　廣一四厘米　九行二十一字無格白口四週雙邊單黑魚尾　封面鐫『遂園排印』　清光緒戊子(十四年)遂園主人序　書名依封面　　S一九七三

房仲詩選二卷　(清)沈心撰　姚鼐選　一九一九年西泠印社活字印本　一冊　框高一七・二厘米　廣一四・八厘米　十行十八字白口四週單邊單黑魚尾　一九一九年沈祖緜跋　　P二四八六九

愓園初稾十六卷外稾一卷附崇祀鄉賢事實冊　(清)陳庚煥撰　清道光活字印本　吳賢湘等墨筆題識　六冊一函　框高一四・六厘米　廣一〇・一厘米　十行二十三字下黑口四週單邊雙黑魚尾　清道光元年留耕堂敘　鈐『周氏叔弢』朱文方印　『曾藏林汾貽處』朱文橢圓印　周叔弢捐贈　　S二四八〇

雕菰集二十四卷　(清)焦循撰　**附蜜梅花館文錄一卷詩錄一卷**　(清)焦廷琥撰　一九二四年活字印文學山房叢書本　八冊一函　框高二〇・七厘米　廣一五厘米　十行二十一字上黑口四週單邊黑魚尾版心下鐫『文學山房聚珍版印』　　S二五八三

雕菰集二十四卷　(清)焦循撰　**附蜜梅花館文錄一卷詩錄一卷**　(清)焦廷琥撰　一九二四年活字印文學山房叢書本　八冊一函　　P三七六二四

松田遺集二卷 (清)陳紀撰 一九一八年活字印本 一冊一函 框高二〇厘米 廣一三·三厘米 九行二十字白口四週雙邊單黑魚尾 封面鐫『陳松田先生遺集』 P三七五一八

燕石詩鈔四卷續刻一卷附錄一卷 (清)虞書撰 虞孝諧等輯 清光緒十九(一八九三)年活字印本 二冊一函 框高一九·一厘米 廣一三·一厘米 九行二十三字黑口四週單邊單黑魚尾 封面鐫『光緒癸巳重鐫』 清光緒十九年虞孝諧跋 S二四四二

燕石詩鈔四卷續刻一卷附錄一卷 (清)虞書撰 虞孝諧等輯 清宣統三(一九一一)年活字印本 一冊一函 框高一九·二厘米 廣一三·二厘米 九行二十三字黑口四週單邊單黑魚尾 封面牌記鐫『宣統辛亥年仲秋月重印』 S二六一二

燕石詩鈔四卷續刻一卷附錄一卷 (清)虞書撰 虞孝諧等輯 清宣統三(一九一一)年活字印本 一冊一函 S二四四三

存二卷 燕石詩鈔 一至二

近水樓遺稿一卷附錄一卷 (清)忻恕撰 清宣統二(一九一〇)年活字印本 一冊一函 框高一八·四厘米 廣一四·五厘米 十行二十一字白口四週雙邊單黑魚尾 封面鐫『近水樓遺稿 宣統二年庚戌三月排印』 S二七一六

慧文閣詩集二卷 (清)畢熙曾撰 清宣統三(一九一一)年活字印本 一冊一函 框高一八·三厘米 廣一二·九厘米 九行二十字小字雙行字同白口左右雙邊單黑魚尾 清宣統三年畢光祖題記 S二四四一

西圃題畫詩一卷　（清）潘遵祁撰　一九二六年活字印文學山房叢書本　一冊一函　框高一九·二厘米　廣一三·六厘米　十行二十字白口四週雙邊單黑魚尾版心下鐫『文學山房聚珍版印』　S二六〇七

小謨觴館文集注四卷續集注二卷　（清）彭兆蓀撰　孫元培等纂輯　清光緒十六（一八九〇）年長洲黃氏流芳閣活字印本　四冊一函　框高一六·九厘米　廣一三·二厘米　十行二十一字黑口四週單邊單黑魚尾　封面鐫『小謨觴館文集箋注』　封面牌記鐫『光緒十六年冬長洲黃氏流芳閣聚珍板校印』　清光緒庚寅（十六年）朱鏡清序　鈐『周氏叔弢』朱文方印　周叔弢捐贈　S二四八六

亦有生齋集樂府二卷　（清）趙懷玉撰　清光緒十三（一八八七）年活字印本　一冊一函　框高一八·一厘米　廣一四·七厘米　十一行二十三字黑口左右雙邊雙黑魚尾　清光緒十三年趙治跋　鈐『周氏叔弢』朱文方印　周叔弢捐贈　S二五五九

亦有生齋集樂府二卷　（清）趙懷玉撰　清光緒十三（一八八七）年活字印本　一冊一函　S二四四九

洽隱園文鈔四卷　（清）韓是昇撰　清道光二十八（一八四八）年寶鐵齋活字印本　四冊一夾　框高二〇·五厘米　廣一四·六厘米　八行二十一字白口四週單邊單黑魚尾　封面牌記鐫『道光二十八年九月寶鐵齋韓氏印行』　鈐『鍾浩之印』白文方印　P三七六二一

犢山詩稿四卷墓誌一卷犢山類稿三卷　（清）周鎬撰　清光緒十（一八八四）年梁溪榮汝楫活字印犢山類稿 ga 本　四冊一函　框高　S二六一〇

一七・五厘米　廣一三厘米　九行二十二字白口左右雙邊單黑魚尾　封面牌記鐫「光緒十年歲次甲申閏月重刊」

初月樓文鈔十卷詩鈔四卷　(清)吳德旋撰　清光緒九(一八八三)年活字印本　四冊一函　框高二一・二厘米　廣一三・六厘米　十行二十二字白口四週雙邊單黑魚尾　封面鐫「光緒癸未季夏吳兆秦篆」卷末有清光緒九年吳協心序　詩鈔為清刻本　S一九九〇

鳳嶺詩稿駢體合存一卷　(清)朱昭甫撰　清道光十三(一八三三)年步雲軒活字印本　二冊一函　框高一五・二厘米　廣一〇・九厘米　八行十八字白口四週雙邊單黑魚尾　版心上鐫「鳳嶺詩稿」　封面鐫「道光癸巳步雲軒梓」　清道光十三年金以鈿敘　鈐「周氏叔弢」朱文方印　周叔弢捐贈　S二五一

怡怡齋詩集一卷　(清)趙允撰　**怡怡齋附集一卷增補怡怡齋附集一卷**　(清)趙慶謙撰　清光緒十八(一八九二)年活字印本　二冊一函　框高二一・二厘米　廣一三・三厘米　八行二十字白口四週雙邊單黑魚尾　封面鐫「光緒壬辰仲秋」　清光緒壬辰(十八年)金兆梁序　鈐「逸少後人」朱文方印　S二五八七

怡怡齋詩集一卷　(清)趙允撰　**怡怡齋附集一卷增補怡怡齋附集一卷**　(清)趙慶謙撰　清光緒十八(一八九二)年活字印本　一冊一函　S二四七七

存一卷　怡怡齋附集

望湖樓詩鈔二卷 (清)忻文郁撰 清道光十三(一八三三)年活字印本 一册一函 框高二一·四厘米 廣一三·九厘米 八行二十字下黑口四週雙邊單黑魚尾 清道光十三年紀名俊序 鈐「周氏叔弢」朱文方印 周叔弢捐贈 S二五一〇

修業堂初集十卷 (清)翟廷珍撰 清道光泥活字印本 一册一函 框高一七·五厘米 廣一二·三厘米 九行二十一字白口四週單邊單黑魚尾 版本據卷八弭水患議一文後識語及道光戊申(二十八年)翟廷珍序 鈐「周氏叔弢」朱文方印 周叔弢捐贈 S二五〇九

存五卷 六至十

仙屏書屋初集十六卷詩後錄二卷 (清)黄爵滋撰 清道光二十六(一八四六)年涇翟西園泥活字印本 六册一匣 框高一七·三厘米 廣一一·六厘米 九行二十一字白口左右雙邊單黑魚尾版心上鐫「仙屏書屋」中鐫「詩錄」「詩後錄」 封面鐫「僊屏書屋初集 涇翟西園泥字排印」 清道光丙午(二十六年)黄爵滋序 Z一三

江忠烈遺集二卷卷首一卷附錄一卷 (清)江忠源撰 **江忠烈公行狀一卷** (清)左宗棠撰 清光緒十四(一八八八)年楊溪草堂活字印本 三册一函 框高二二·九厘米 廣一四·八厘米 十行二十二字白口四週雙邊單黑魚尾版心上鐫「江忠烈公遺集」 封面鐫「江忠烈公遺集」 封面牌記鐫 S二四六二

「光緒戊子孟冬月重栞於楊溪草堂」 清光緒十四年張葆連序 鈐「周氏叔弢」朱文方印 周叔弢捐贈

通藝閣詩遺編一卷 (清)姚椿撰 **白石鈍樵遺稿一卷** (清)姚楗撰 清光緒十(一八八四)年活字印本 一冊一函 S二四九七

框高一八厘米 廣一三・八厘米 十行二十二字下黑口左右雙邊單黑魚尾 清光緒十年姚之烜識 鈐「周氏叔弢」朱文方印 周叔弢捐贈

留與集十卷卷首一卷卷末一卷 (清)史周沅撰 許重炎編 清道光二十四(一八四四)年璞堂活字印本 二冊一函 框高二一・四厘米 廣一四・四厘米 九行二十五字小字雙行字不等白口四週雙邊單黑魚尾 封面鐫「道光甲辰重訂 璞堂藏版」 清道光甲辰(二十四年)史景陽後序 S二四五三

梅菴遺集三卷清芬續集一卷 (清)王維祺撰 王棻等編 清光緒十七(一八九一)年臨海葉氏蔭玉閣活字印本 一冊一函 框高一七・七厘米 廣一三・一厘米 十行二十一字白口左右雙邊單黑魚尾版心下鐫「臨海葉氏陰玉閣排印」 封面鐫「梅菴先生遺集」 封面牌記鐫「光緒辛卯冬臨海葉氏蔭玉閣排印」 鈐「周氏叔弢」朱文方印 周叔弢捐贈 S二七一〇

梅菴遺集三卷清芬續集一卷 (清)王維祺撰 王棻等編 清光緒十七(一八九一)年臨海葉氏蔭玉閣活字印本 一冊一函 S二四八二

臥樟書屋集十卷 （清）周發藻撰 一九二五年活字印本 二册一函 框高一九・三厘米 廣一二・六厘米 十行二十五字白口四週雙邊單黑魚尾 一九二五年吳宗廣序 S二五六二

寒翠簃詩集五卷 （清）鄭彥紬撰 一九一九年活字印本 一册一函 框高二〇・二厘米 廣一三・八厘米 八行二十三字黑口四週雙邊雙黑魚尾 封面牌記鐫『民國八年歲在己未孟秋月刊』 鈐『周氏叔弢』朱文方印 周叔弢捐贈 S二五六四

北遊草一卷歸田集一卷東隱集一卷 （清）王廷俊撰 清活字印本 一册一函 框高一八・六厘米 廣一三・二厘米 十一行二十四字白口左右雙邊單黑魚尾 鈐『周氏叔弢』朱文方印 周叔弢捐贈 S二五〇八

癸丑感事詩一卷皖江新樂府一卷 （清）翟柳村撰 一九二六年活字印本 一册一函 框高一九・六厘米 廣一一・二厘米 八行二十字白口左右雙邊單黑魚尾 一九二六年汪畸序 鈐『周氏叔弢』朱文方印 周叔弢捐贈 S二五七三

菉園詩草四卷評語一卷 （清）張賡謨撰 張爔輯 張宅厚等校訂 清光緒五（一八七九）年活字印本 二册一函 框高二〇・一厘米 廣一二・九厘米 九行二十一字上黑口四週單邊雙黑魚尾 卷四題『焦桐集』 封面鐫『光緒己卯春鐫』 清光緒五年張藜照跋 鈐『周氏叔弢』朱文方印 周叔弢捐贈 S二五五八

餐芍華館詩集八卷附蕉心詞一卷 （清）周騰虎撰 清光緒十九（一八九三）年活字印本 二册一函 框高一七・二厘米 廣一二・三厘米 十行 S二五五一

二十一字黑口四週雙邊單黑魚尾　封面牌記鐫『光緒癸巳夏用聚珍版印』　鈐『周氏叔弢』朱文方印　周叔弢捐贈

餐芍華館詩集八卷附蕉心詞一卷　(清)周騰虎撰　清光緒十九(一八九三)年活字印本　二册二函　S二五五二

聊中隱齋遺稿二卷　(清)許祖淓撰　清光緒四(一八七八)年誦芬堂活字印本　一册一函　框高一八·二厘米　廣一二厘米　十行二十二字黑口左右雙邊雙黑魚尾　清光緒四年陳棨人序　鈐『周氏叔弢』朱文方印　周叔弢捐贈　S二四九八

卓廬文稿二卷　(清)陳墉撰　清道光間活字印本　譚廷獻題識　二册　框高二〇·七厘米　廣一五·二厘米　九行二十字黑口左右雙邊單黑魚尾　P三七五二〇

適園自娱草二卷　(清)陳式金撰　一九一四年活字印本　一册一函　框高一九·三厘米　廣一四·八厘米　九行二十字下黑口四週單邊單黑魚尾　一九一四年金武祥序　鈐『周氏叔弢』朱文方印　周叔弢捐贈　S二五七五

邁園文鈔不分卷　(清)楊金監撰　清光緒十六(一八九〇)年楊氏世承堂活字印本　一册一函　框高一七·五厘米　廣一三·六厘米　十行二十三字白口左右雙邊單黑魚尾　封面牌記鐫『光緒十有六年孟陬月毘陵世承堂楊氏栞』　鈐『周氏叔弢』朱文方印　周叔弢捐贈　有像　S二五三三

略存稿二卷　(清)王廷俊撰　清光緒十八(一八九二)年活字印本　一册一函　框高一八·九厘米　廣一三·一厘米　十一行二十四字白口左右雙邊單黑魚尾　清光緒壬辰(十八年)龔易圖跋　鈐『周氏叔　S二五四〇

弢」朱文方印　周叔弢捐贈

也儂詩草十卷　(清)王慶善撰　清光緒二十七(一九〇一)年金陵宜春閣活字印本　四冊一函　框高一八·三厘米　廣一三·五厘米　九行二十三字黑口四週雙邊雙黑魚尾　封面牌記鐫『光緒辛丑九月排印』　牌記外鐫『金陵狀元境宜春閣活字排印』　鈐『周氏叔弢』朱文方印　周叔弢捐贈　S二五五四

也儂遺稿四卷　(清)王慶善撰　清光緒二十八(一九〇二)年金陵宜春閣活字印本　四冊一函　框高二〇厘米　廣一三·六厘米　九行二十五字黑口四週雙邊雙黑魚尾　封面牌記鐫『光緒壬寅三月排印』　牌記外鐫『金陵狀元境宜春閣活字排印』　清光緒壬寅(二十八年)王繼善序　S二五五三

石船居雜箸賸稿不分卷　(清)李超瓊撰　清光緒二十二年活字印石船居賸稿本　一冊一函　框高一六·二厘米　廣一一·九厘米　九行二十字下黑口左右雙邊單黑魚尾　書名依版心　S二四三一

東遊草一卷　(清)吳敏樹撰　清同治七(一八六八)年朝宗書室活字印本　一冊一函　框高一九·七厘米　廣一三厘米　九行二十四字白口四週單邊單黑魚尾　封面鐫『同治七年戊辰朝宗書室聚珍』　清同治七年吳敏樹序　S二〇八二

池北詩鈔二卷　(清)齊起鯤撰　清同治四(一八六五)年池北草堂活字印本　二冊一函　框高二〇·一厘米　廣一四厘米　八行十七字白口四週雙邊單黑魚尾　封面鐫『同治四年乙丑歲　池北草堂鐫』　鈐『周氏叔弢』朱文方印　周叔弢捐贈　S二五〇六

未亭文集四卷　(清)管學宣撰　清同治元(一八六二)年儲善堂活字印本　四冊一函　框高二一·一厘米　廣一二·二厘米　九行二十三字白口四週雙邊雙黑魚尾　封面鐫『同治元年秋八月新鐫　儲善　S二五〇七

堂藏板」 鈐「周氏叔弢」朱文方印 「寒在堂」白文方印 周叔弢捐贈

賈餘草二卷 (清)吴之馨撰 清同治七(一八六八)年活字印本 二册一函 框高二〇·八厘米 廣一二·四厘米 九行二十二字白口四周雙邊單黑魚尾 清同治七年吴之馨自序 鈐「周氏叔弢」朱文方印 周叔弢捐贈 S二五〇二

東夫山堂詩選八卷三橿老屋詞選一卷 (清)許棫撰 清光緒十三(一八八七)年活字印本 二册一函 框高一八厘米 廣一三·六厘米 十行二十三字白口左右雙邊單黑魚尾 清光緒十三年金士準序 S二五五〇

天瘦閣詩半六卷 (清)李士棻撰 清光緒十一(一八八五)年活字印本 三册一函 框高一六·八厘米 廣一二·八厘米 十行二十一字白口左右雙邊單黑魚尾 清光緒乙酉(十一年)李士棻題記 S二四五〇

天瘦閣詩半六卷 (清)李士棻撰 清光緒十一(一八八五)年活字印本 三册一函 S二四五一

竹嬾山房吟稿四卷 (清)孫清載撰 清光緒十五(一八八九)年活字印本 一册一函 框高二二·八厘米 廣一六·四厘米 九行二十字下黑口四週單邊單黑魚尾 封面牌記鐫「光緒十五年季秋月開雕」 S二六一一

琴鶴軒遺文二卷 (清)趙棨 趙元鼎撰 清光緒十八(一八九二)年趙建勳校活字印本 二册一函 框高一七·五厘米 廣一四厘米 九行二十五字白口四週雙邊單黑魚尾 清光緒壬辰(十八 S二五三五

年）華鴻模序　書名依目錄　鈐『周氏叔弢』朱文方印　周叔弢捐贈

萬物炊累室駢文一卷　（清）沈同芳撰　清光緒間活字印本　一册一函　框高一七·四厘米　廣一二·六厘米　九行二十字黑口四週雙邊單黑魚尾　封面牌記鐫『光緒歲在昭陽聚珍板印』　鈐『周氏叔弢』朱文方印　周叔弢捐贈　S二五三九

師二宗齋遺集二卷附錄一卷　（清）關棠撰　一九一四年活字印本　一册　框高一三·六厘米　廣一〇厘米　八行十四字白口四週單邊單黑魚尾版心上鐫『遺集』　封面鐫『漢陽關先生遺集』　一九一四年陳三立序　P三七五四一

璞齋集詩四卷詞一卷　（清）諸可寶撰　清光緒十四（一八八八）年長洲黄氏流芳閣活字印本　二册一函　框高一六·八厘米　廣一三·二厘米　十行二十一字黑口四週單邊單黑魚尾　封面鐫『光緒十有四年九秋上浣試印長洲黄氏之聚珍板』詞封面鐫『吳下黄氏流芳閣聚珍板初次擺印本』　鈐『周氏叔弢』朱文方印　周叔弢捐贈　S二四八七

璞齋集詩四卷詞一卷　（清）諸可寶撰　清光緒十四（一八八八）年長洲黄氏流芳閣活字印本　二册一函　S二四八八

丹魁書屋賸稿不分卷　（清）錢福煒撰　清宣統元（一九〇九）年活字印本　一册一函　框高一九·四厘米　廣一二·二厘米　七行十九字白口四週單邊單黑魚尾　封面牌記鐫『宣統紀元十二月刊』　清光緒戊申（三十四年）錢桂章跋　書名依封面　S二五八〇

丹魁書屋賸稿不分卷　(清)錢福煒撰　清宣統元(一九〇九)年活字印本　一冊一函　S二一〇一

拙好軒詩稿四卷五代史樂府一卷　(清)王潤生撰　清宣統元(一九〇九)年活字印本　一冊一函　框高一九·三厘米　廣一二·八厘米　八行二十字黑口四週單邊單黑魚尾　封面牌記鐫「宣統元年孟冬梓行」　鈐「周氏叔弢」朱文方印　周叔弢捐贈　S二五一三

訥盦駢體文存二卷　(清)李恩綬撰　李丙榮　李正學校　清光緒二十四(一八九八)年冬心書屋活字印本　二冊一函　框高一八·一厘米　廣一二·九厘米　十行二十五字黑口左右雙邊單黑魚尾　封面牌記鐫「光緒戊戌開雕冬心書屋藏版」　鈐「補讀書齋」白文方印　S二六〇四

邵亭詩稿二卷　(清)金永爵撰　清活字印本　一冊一函　框高二一·七厘米　廣一五·九厘米　十行二十字白口四週單邊單白魚尾　封面鐫「辛卯季春」　清同治六年張丙炎跋　鈐「周氏叔弢」朱文方印　「寒在堂」白文方印　周叔弢捐贈　S二五〇三

邵亭詩稿二卷　(清)金永爵撰　清活字印本　一冊一函　P三七五二

長安宮詞一卷　(清)胡延輯　清光緒三十(一九〇四)年成都圖書局活字印本　一冊一函　框高一八厘米　廣一二·八厘米　十行二十二字下黑口四週單邊單黑魚尾版心下鐫「十五期啓蒙類詩詞」　封面鐫「光緒甲辰春　成都圖書局」　卷末鐫「成都啓蒙通俗報館傅氏印訂」　鈐「周氏叔弢」朱文方印　周叔弢捐贈　S二五五五

補籬遺稿八卷

(清)姚福均撰　王伊編　清光緒三十一(一九〇五)年活字印本　四冊一函　框高一八・一厘米　廣一三・四厘米　十行二十一字小字雙行字同白口四週單邊單黑魚尾　封面牌記鐫「光緒乙巳季秋排印」　鈐「周氏叔弢」朱文方印　周叔弢捐贈

S二四九四

補籬遺稿八卷

(清)姚福均撰　王伊編　清光緒三十一(一九〇五)年活字印本　四冊一函

S二五九七

紉佩僊館唫鈔一卷文鈔一卷

(清)趙灜撰　清光緒十三(一八八七)年活字印本　二冊二函　框高二〇・二厘米　廣一三・四厘米　八行二十字下黑口左右雙邊單黑魚尾　封面牌記鐫「光緒丁亥九月梓成」

S二四九〇

王徵君詩稾三卷

(清)王慈撰　一九二一年盟鷗別墅活字印本　一冊一函　框高一八・八厘米　廣一五・二厘米　九行二十一字小字雙行字同白口四週雙邊單黑魚尾　封面鐫「中華民國十年」　封面牌記鐫「盟鷗別墅用活字版排印」　框外鐫「新昌石漸逵排字」　鈐「周氏叔弢」朱文方印　周叔弢捐贈

S二五七四

退一草堂詩鈔二卷詞鈔一卷小唱一卷

(清)王玉驥撰　王淑湘校　清光緒十四年(一八八八)年活字印本　二冊一函　框高一六・六厘米　廣一一・八厘米　九行二十字白口四週雙邊單黑魚尾版心上鐫「退一步草堂」　清光緒十四年王璞序

S二四二三

退一草堂詩鈔二卷詞鈔一卷小唱一卷

(清)王玉驥撰　王淑湘校　清光緒十四年(一八八八)年活字印本　二冊一函

S二四二二

存二卷　詩鈔全

棄餘草不分卷　(清)王石撰　清光緒十四(一八八八)年心遠書屋活字印本　一冊一函　框高一九·九厘米　廣一二·三厘米　八行十九字白口四週單邊單黑魚尾　封面鐫「心遠書屋　涇川王石韶臣氏著　戊子仲冬新鐫」　清光緒戊子(十四年)王石序　鈐「周氏叔弢」朱文方印　周叔弢捐贈　S二五二九

謙齋初集一卷　(清)王尚辰撰　清光緒二十三(一八九七)年廬州活字印本　一冊一函　框高二一厘米　廣一二·五厘米　十行二十二字白口四週單邊單黑魚尾　封面鐫「謙齋詩集」　封面牌記鐫「光緒二十三年八月初于廬州」　鈐「周氏叔弢」朱文方印　周叔弢捐贈　S二五一二

小隱山樵詩草二卷　(清)王義祖撰　清光緒二(一八七六)年王鑾活字印本　二冊一函　框高一七·一厘米　廣一三·四厘米　九行十九字下黑口四週雙邊雙黑魚尾　清光緒二年王鑾跋　鈐「周氏叔弢」朱文方印　周叔弢捐贈　S二四二四

柳溪詩草一卷附餘事山房試帖一卷　(清)元燓撰　**靜遠廬試帖一卷**　(清)振文著　清光緒十三(一八八七)年知不足齋活字印本　一冊一函　框高二一·一厘米　廣一三·五厘米　八行二十字白口四週雙邊單黑魚尾　餘事山房試帖、靜遠廬試帖九行二十三字　封面鐫「光緒丁亥孟春　淵鑑堂詩集　知不足齋代梓」　書名依版心　鈐「周氏叔弢」朱文方印　周叔弢捐贈　S二五三二

倚梅閣詩集四卷詞鈔一卷　(清)沈韻蘭撰　清宣統元(一九〇九)年活字印本　一冊一函　框高一七·七厘米　廣一三厘米　九行二十四字白口左右雙邊單黑魚尾　清宣統元年瞿倬後序　S二五八五

枕翠樓詩集一卷 (清)王湘撰 **青箱閣詩集一卷** (清)王廷楷撰 一九一九年王元覲活字印本 二冊一函 框高二〇·三厘米 廣一三·八厘米 八行二十三字黑口四週雙邊雙黑魚尾 封面鐫「枕翠樓遺詩 己未春仲」 鈐「周氏叔弢」朱文方印 周叔弢捐贈　S二五七八

枕翠樓詩集一卷 (清)王湘撰 **青箱閣詩集一卷** (清)王廷楷撰 一九一九年王元覲活字印本 一冊一函　S二六〇五

存一卷 清箱閣詩集全

味閒齋蠹餘殘稿二卷 (清)言聲均撰 清光緒間味閒齋活字印本 二冊一函 框高一五·六厘米 廣一三·三厘米 八行十九字小字雙行字同白口左右雙邊單黑魚尾版心上鐫「蠹餘殘稿」下鐫「味閒齋」 封面鐫「蠹餘殘稿 味閒齋藏板」 清光緒九年言聲均序 鈐「周氏叔弢」朱文方印 周叔弢捐贈　S二五〇四

味閒齋蠹餘殘稿二卷 (清)言聲均撰 清光緒間味閒齋活字印本 二冊一函　S二五〇五

刼火紀焚不分卷 (清)何桂笙撰 清光緒十一(一八八五)年上海萃珍齋活字印本 一冊一函 框高一六·九厘米 廣一二·七厘米 十行二十二字白口左右雙邊單黑魚尾 封面牌記鐫「光緒乙酉年五月上海翠珍齋重印」 卷端題著者「高昌寒食生」　S二五四三

未焚草不分卷　(清)吳保初撰　清光緒二十四(一八九八)年活字印本　一册一函　框高一五·四厘米　廣一〇·六厘米　九行二十一字黑口四週單邊　清光緒戊戌(二十四年)吳保初自序　鈐『周氏叔弢』朱文方印　周叔弢捐贈　S二五二〇

北山樓集一卷師友緒餘一卷　(清)吳保初撰　清光緒二十五(一八九九)年活字印本　一册一函　框高一五·五厘米　廣一〇·七厘米　九行二十一字黑口四週單邊　清光緒己亥(二十五年)吳保初序　S二五四八

乘槎小草一卷仙槎自壽徵詩集一卷　(清)胡效騫撰　清光緒三十二(一九〇六)年活字印本　三册一函　框高一八·一厘米　廣一三·三厘米　十行二十一字白口左右雙邊單黑魚尾　封面牌記鐫『光緒丙午仲冬下澣栞板』　『乘槎小草』末鐫『蘇省臨頓路南首　毛上珍活字排印』　鈐『周氏叔弢』朱文方印　周叔弢捐贈　S二五四一

竹院閒吟一卷身外身一卷　(清)柯振嶽撰　清嘉慶十七(一八一二)年藏修齋活字印本　一册一函　框高一九·五厘米　廣一四·四厘米　九行二十一字小字雙行字同白口四週雙邊單黑魚尾版心下鐫『藏珍齋』　清嘉慶十七年王約序　S一九九四

冶父星祖梅花詩百首一卷山居詩一卷禪師花月詩一卷　(清)釋星祖撰　常明輯　一九三六年活字印本　一册一函　框高二一·五厘米　廣一三·一厘米　九行二十二字白口四週單邊雙黑魚尾版心上鐫『梅花詩』　卷末鐫『民國丙子海林重印』　鈐『周氏叔弢』朱文方印　周叔弢捐贈　S二六三〇

詠梅齋詩草二卷　(清)凌祐撰　清光緒三十二(一九〇六)年或是園活字印本　一册一函　框高一七·五厘米　廣一二·二厘米　九行二十一字白口四週雙邊單黑魚尾　封面鐫「光緒丙午年敬刊　板藏或是園」　書名依封面　鈐「周氏叔弢」朱文方印　周叔弢捐贈　S二五四五

師鄭堂集六卷　(清)孫同康撰　清光緒十七(一八九一)年無錫文苑閣活字印本　四册一函　框高二〇厘米　廣一四厘米　八行二十字白口左右雙邊單黑魚尾版心下鐫「師鄭叢書」　封面牌記鐫「光緒辛卯季冬用聚珍板印行」　目錄後鐫「無錫文苑閣排印」　鈐「周氏叔弢」朱文方印　周叔弢捐贈　S二五三四

滄江詩集十卷　(清)郭綏之撰　黎庶昌選　清同治間活字印本　四册一函　框高一九·五厘米　廣一三·七厘米　九行二十一字白口四週單邊單黑魚尾　清同治己巳(八年)黎庶昌序　鈐「周氏叔弢」朱文方印　周叔弢捐贈　S二五三八

滄江詩集十卷　(清)郭綏之撰　黎庶昌選　清同治間活字印本　四册一函　S二五三七

遯庵詩稿不分卷團綠山房詩餘一卷　(清)曹希璨撰　**雙桂園遺稿一卷**　(清)林一枝撰　清宣統三(一九一一)年活字印本　一册一函　框高一八·三厘米　廣一三·二厘米　十行二十二字白口四週雙邊單黑魚尾　清宣統三年張廷琛跋　S二五九九

遯庵詩稿不分卷團綠山房詩餘一卷 (清)曹希璨撰 雙桂園遺稿一卷 (清)林一枝撰 清宣統三(一九一一)年活字印本 一册一函 S二六〇〇

古椿軒詩鈔二卷 (清)莊善孫撰 莊鍾蔭輯 清光緒二十七(一九〇一)年活字印本 一册一函 框高二〇·二厘米 廣一四厘米 九行二十一字白口四週單邊單黑魚尾 封面牌記鐫「光緒辛丑孟秋用聚珍版刷印」 鈐「周氏叔弢」朱文方印 周叔弢捐贈 S二五一八

古椿軒詩鈔二卷 (清)莊善孫撰 莊鍾蔭輯 清光緒二十七(一九〇一)年活字印本 一册一函 S二五一九

寄影廬詩草一卷 (清)王惟和撰 清光緒二十七(一九〇一)年活字印本 一册一函 框高一九·一厘米 廣一二·五厘米 九行二十一字白口四週雙邊單黑魚尾版心上鐫「寄影廬賸稿」 封面鐫「寄影廬賸稿」 封面牌記鐫「光緒辛丑秣陵排版」 清光緒辛丑(二十七年)王繼善識文 S一九九一

秋水軒詩選一卷詞一卷 (清)莊盤珠撰 清光緒二(一八七六)年盛氏思補樓活字印本 一册一函 框高一三·二厘米 廣一〇·三厘米 九行二十一字黑口左右雙邊版心下鐫「思補樓」 封面鐫「光緒丙子嘉平月思補樓校印」 鈐「周氏叔弢」朱文方印 周叔弢捐贈 S二五〇〇

繡餘小草一卷 (清)黃惠臣撰 清光緒二十一(一八九五)年金陵湯明林聚珍局活字印本 一册一函 框高一七·二厘米 廣一二·二厘米 八行二十一字黑口左右雙邊單黑魚尾 卷末鐫「金陵湯明林聚珍局排印」 清光緒二十一年餐圃氏跋 鈐「文英之印」白文方印 S二五九五

湖海詩瓢一卷　(清)張元吉撰　清光緒十九(一八九三)年無錫文苑閣活字印本　一册一函　框高一六·七厘米　廣一二·七厘米　十行二十四字白口左右雙邊單黑魚尾　卷末牌記鐫「無錫文苑閣排印」　清光緒十九年吳學俊跋　S二四四〇

蟋蟀窩詩集五卷　(清)張度撰　姚文燮選　一九一九年活字印本　二册一函　框高一六·一厘米　廣一〇·九厘米　十行二十一字白口四週單邊單黑魚尾　封面牌記鐫「民國八年前七月重刊」　民國八年張皖光跋　鈐「周氏叔弢」朱文方印　周叔弢捐贈　S二五六〇

蟋蟀窩詩集五卷　(清)張度撰　姚文燮選　一九一九年活字印本　二册一函　S二五六一

卅六芙蓉仙館詩存六卷　(清)張曾望撰　清光緒二十二(一八九六)年活字印本　一册一函　框高一六·八厘米　廣一三厘米　十一行二十四字黑口左右雙邊單黑魚尾　清光緒丙申(二十二年)楊宗瀛序　S二七〇七

師矩齋詩錄三卷　(清)彭翰孫撰　寫韻樓詩草一卷詞草一卷　(清)吳清蕙撰　意蘭吟賸一卷　(清)吳毓蓀撰　清光緒十七(一八九一)年活字印本　二册一函　框高一七·四厘米　廣一三·六厘米　十行二十一字白口左右雙邊單黑魚尾　封面牌記鐫「光緒辛卯仲春月吳大澂署檢」　S二六〇一

澹園文集二卷　(清)華玉淳撰　有懷堂詩鈔一卷　(清)華芳洲撰　御製集石鼓　S二五七七

文詩十章並序一卷音釋考異一卷字句同異一卷　(清)華開驥撰　清同治間活字印本　一冊一函　框高二三・七厘米　廣一六・三厘米　九行二十五字小字雙行字同黑口四週單邊單黑魚尾　清同治五年陳蔭梧序　鈐「周氏叔弢」朱文方印　周叔弢捐贈

評梅閣詩一卷　(清)葛利川撰　一九一八年康吉堂活字印本　二冊一函　框高一七・八厘米　廣一二・五厘米　十行二十二字下黑口四週單邊單黑魚尾版心上鐫「評梅閣詩詞集」　封面鐫「評梅閣詩詞集　歲在著雍敦牂夏月康吉堂梓」

S二四三二

九柏山房同懷詩集二卷　(清)楊廷贊撰　楊道隆重校　清光緒十三(一八八七)年遂初堂活字印本　一冊一函　框高二〇厘米　廣一四・一厘米　九行二十字白口四週單邊單黑魚尾版心上鐫「同懷詩集」　封面牌記鐫「強圉大淵獻遂初堂重印」　清光緒十三年楊道隆跋　鈐「周氏叔弢」朱文方印　周叔弢捐贈

S二五二八

北山草堂詩記三卷首一卷　(清)楊昌邠撰　周馥等評　周叔弢等校　清宣統元(一九〇九)年寧國學舍活字印本　一冊一函　框高一八・六厘米　廣一三・三厘米　十一行二十字白口左右雙邊單黑魚尾版心上鐫「西行雜咀」　封面鐫「北山草堂游覽詩記」　封面牌記鐫「宣統元年春中鐫于寧國學舍」　牌記框外鐫「求實學堂梓行徐國章刊印」　各卷端大題在下小題在上

S二四五五

北山草堂詩記三卷首一卷　(清)楊昌邠撰　周馥等評　周叔弢等校　清宣統元(一九〇九)年寧國學舍活字印本　一冊一函

S二六〇九

留讀齋詩集六卷卷末一卷　(清)宣昌緒撰　清宣統元(一九〇九)年活字印本　二册一函　框高一九厘米　廣一三·七厘米　十行二十二字小字雙行字同白口四週雙邊單黑魚尾　封面牌記鐫『宣統己酉仲秋排印』　鈐『周氏叔弢』朱文方印　『崑山趙詒琛號學南印』白文方印　『趙學南劫後藏書』朱文方印　周叔弢捐贈　S二五一四

留讀齋詩集六卷卷末一卷　(清)宣昌緒撰　清宣統元(一九〇九)年活字印本　二册一函　S二五一五

頌蒼詩稿一卷　(清)高翃撰　一九一八年無錫文苑閣活字印本　一册一函　框高一六·七厘米　廣一二·八厘米　十行二十四字黑口四週雙邊單黑魚尾　民國七年丁福保序　卷末鐫『無錫文苑閣排印』　P三七五一七

海棠秋館題畫二卷　(清)裘廷楨撰　清光緒活字印本　一册一函　框高一七·六厘米　廣一一·八厘米　八行十九字白口四週單邊單黑魚尾　清光緒戊子(十四年)裘廷楨自序　鈐『周氏叔弢』朱文方印　周叔弢捐贈　S一九七四

淚花集二卷　(清)裘廷楨撰　清光緒十二(一八八六)年活字印本　一册一函　框高一九·八厘米　廣一三·七厘米　九行二十一字白口四週單邊單黑魚尾　清光緒丙戌(十二年)裘廷楨序　鈐『周氏叔弢』朱文方印　周叔弢捐贈　S二四九五

清儀閣雜詠一卷　(清)張廷濟撰　一九一八年活字印靜園叢書本　一冊一函　框高一七·一厘米　廣一二·四厘米　十行十八字小字雙行字同白口左右雙邊單黑魚尾版心下鐫「靜園叢書」　一九一四年沈光瑩跋　P三七五八二

侶梅軒偶存稿不分卷　(清)廖壽熙撰　清末活字印本　一冊一函　框高一九·一厘米　廣一二·四厘米　十行二十一字白口四週雙邊單黑魚尾　鈐「周氏叔弢」朱文方印　周叔弢捐贈　S二五一七

寄生館焚餘稾一卷　(清)趙秉清撰　清光緒十(一八八四)年活字印本　一冊一函　框高二〇·九厘米　廣一四厘米　九行二十一字黑口四週單邊單黑魚尾　清光緒甲申(十年)趙希文跋　S二七一一

東谷詩鈔十五卷　(清)趙漉撰　清活字印本　四冊一函　框高一九·五厘米　廣一二厘米　九行二十一字小字雙行字同白口四週雙邊單黑魚尾　鈐「周氏叔弢」朱文方印　周叔弢捐贈　S二五一六

僅存詩鈔三卷　(清)鄭兆龍撰　清光緒龍山鄭氏譜局活字印本　一冊一函　框高一八·一厘米　廣一三·二厘米　九行二十一字白口左右雙邊單黑魚尾　卷端鐫「龍山鄭氏譜局重刊」　S二五四四

易堂全集十一卷首一卷　(清)袁汝璧撰　清嘉慶六(一八〇一)年活字印本　四冊一函　框高二二·七厘米　廣一三·六厘米　九行二十一字白口四週雙邊單黑魚尾　封面鐫「袁易堂全集　嘉慶辛酉年鐫」　S一九四二

莫庵詩近六卷　(清)傅學沆撰　清遜敏齋活字印本　四冊一函　框高二〇·八厘米　廣一二·九厘米　八行二十或二十一字不等白口四週雙邊單黑魚尾版心下鐫「遜敏齋」　P三〇二九〇

秋槎政本不分卷　(清)鄭兆龍撰　李恭渭輯　清光緒三十(一九〇四)年龍山鄭氏譜局活字印本　一冊一函　框高一八厘米　廣一三·二厘米　九行二十一字白口左右雙邊單黑魚尾　清光緒甲辰(三十年)余燮序　鈐「周氏叔弢」朱文方印　周叔弢捐贈　S二五三〇

秋槎政本不分卷　(清)鄭兆龍撰　李恭渭輯　清光緒三十(一九〇四)年龍山鄭氏譜局活字印本　一冊一函　S二五三一

水心齋詩鈔二卷　(清)鄭楨　鄭鴻逵撰　鄭樹藩校　水心齋詩餘一卷　(清)鄭鴻逵撰　一九一九年活字印本　一冊一函　框高二〇·二厘米　廣一三·八厘米　八行二十三字黑口四週雙邊雙黑魚尾　封面牌記鐫「民國八年歲在己未秋月刊行」　民國八年鄭樹藩跋　鈐「周氏叔弢」朱文方印　周叔弢捐贈　S二四二〇

玉通生詩鈔不分卷　(清)劉心[illegible]POSITIONSBLAH撰　清光緒十八(一八九二)年活字印本　一冊一函　框高一六·七厘米　廣一二·三厘米　九行二十一字白口四週雙邊單黑魚尾　封面牌記鐫「光緒壬辰冬日試印」　鈐「周氏叔弢」朱文方印　周叔弢捐贈　S二五二七

篋山詩草二卷　(清)劉日蕚撰　清光緒十八(一八九二)年活字印本　一冊一函　框高一八·九厘米　廣一三·三厘米　九行二十一字白口四週雙邊雙黑魚尾　清光緒十八年劉慶集序　鈐「周氏叔弢」　S二五二六

朱文方印　周叔弢捐贈

雲閑詩草一卷　(清)劉慈孚撰　清光緒二十三(一八九七)年紫荆花館活字印本　一册一函　框高一七·八厘米　廣一二·七厘米　九行二十一字白口左右雙邊單黑魚尾版心下鐫「紫荆花館集」　封面鐫「光緒丁酉秋校印」　S二七〇九

補梅花館詩稿一卷詞稿一卷　(清)駱元邃撰　一九三二年亦壽堂活字印本　一册一函　框高二〇·二厘米　廣一二·一厘米　九行二十一字白口四週雙邊單黑魚尾版心上鐫「補梅花館遺稿」下鐫「亦壽堂」「詩稿」　後有民國壬申(一九三二)年駱時中附誌　周叔弢捐贈　S二六五六

補梅花館詩稿一卷詞稿一卷存一卷　詞稿全　(清)駱元邃撰　一九三二年亦壽堂活字印本　一册　鈐「周氏叔弢」朱文方印　周叔弢捐贈　S二六五五

謇諤堂文稿一卷　(清)金文田撰　清末活字印本　一册一函　框高一八·五厘米　廣一三·三厘米　十行二十二字白口四週雙邊單黑花魚尾　P三七五四四

九峯閣詩草四卷　(清)錢福蓀撰　清光緒十九(一八九三)年活字印本　一册一函　框高一九·四厘米　廣一三·七厘米　九行二十字黑口四週單邊單黑魚尾　清光緒癸巳(十九年)錢福蓀自序　鈐「周氏叔弢」朱文方印　周叔弢捐贈　S二五二四

九峯閣詩草四卷　(清)錢福蓀撰　清光緒十九(一八九三)年活字印本　一册一函　S二五二五

雲在軒詩草續刻一卷隨筆一卷 (清)錢希撰 清光緒二十一(一八九五)年活字印本 一冊一函 框高一七·七厘米 廣一三·七厘米 九行二十一字黑口左右雙邊單黑魚尾 封面鐫『雲在軒詩草 乙未仲秋續刻』 S二五九二

雲在軒詩草三卷筆談一卷附錄一卷 (清)錢希 錢振鍠撰 **求拙齋遺詩一卷** (清)蔣南棠撰 清光緒二十七(一九〇一)年活字印本 一冊一函 框高一九·九厘米 廣一四厘米 九行十九字白口四週雙邊單黑魚尾 一九〇一年錢振鍠求拙齋遺詩序 鈐『周氏叔弢』朱文方印 周叔弢捐贈 S二四八五

詩庸六卷 (清)謝芳連撰 一九一九年謝寶樹堂活字印本 一冊一函 框高二三·九厘米 廣一六·三厘米 九行二十二字小字雙行字同白口四週雙邊單黑魚尾 封面鐫『香祖詩庸 民國八年己未秋月 謝寶樹堂翻印』 民國八年蕭蔚章序 書名依版心 S一九九六

三安堂遺稿三卷 (朝鮮)郭鉉撰 朝鮮活字印本 一冊一函 框高二二·七厘米 廣一七·二厘米 十行二十字白口四週單邊單黑魚尾 朝鮮崇禎五周甲午宋近洙序 鈐『口基東印』朱文圓印 S二六五二

名山詩集十三卷詞一卷續一卷海上詞一卷續一卷三編一卷四編一卷 錢振鍠撰 一九四七年活字印本 四冊一函 框高二〇·八厘米 廣一三·二厘米 九行二十一字下黑口四週單邊單黑魚尾 民國三十六年程中行題簽 S二六五〇

名山詩集十三卷詞一卷續一卷海上詞一卷續一卷三編一卷四編一卷　錢振鍠撰　一九四七年活字印本　四冊一函　S二六一五

名山文集十四卷詩集二卷詞一卷　錢振鍠撰　一九一六年活字印本　四冊一函　框高一九·五厘米　廣一三·九厘米　九行二十字下黑口四週單邊單黑魚尾　民國丙辰(一九一六)年錢振鍠序　鈐『周氏叔弢』朱文方印　周叔弢捐贈　S二六四九

星影樓文草一卷詩草一卷詩賸一卷壬辰以前存稿二卷雜言一卷尺牘一卷雜著一卷詩外集一卷四書文一卷　錢振鍠撰　清末活字印本　三冊一函　框高一七·七厘米　廣一三·七厘米　十二行二十五字白口左右雙邊單黑魚尾　S二六一七

冷香館詩鈔二卷　沈廉撰　一九一九年活字印本　一冊一函　框高一八厘米　廣一二·八厘米　九行二十一字白口四週單邊單黑魚尾　封面鐫『己未夏五』　鈐『周氏叔弢』朱文方印　周叔弢捐贈　S二五六六

冷香館文鈔二卷　沈廉撰　一九二二年活字印本　一冊一函　框高一八厘米　廣一二·九厘米　九行二十一字白口四週單邊單黑魚尾　封面鐫『壬戌季夏』　鈐『周氏叔弢』朱文方印　周叔弢　S二五六五

捐贈

香海盦外集一卷　徐琪撰　清末活字印本　一册一函　框高一七·一厘米　廣一三·五厘米　九行十九字下黑口四週雙邊雙黑魚尾版心中鎸『外集賦』　鈐『淮陰徐氏所藏圖書記』朱文方印　『周氏叔弢』朱文方印　周叔弢捐贈　S二六三八

漱石齋詩存二卷附錄一卷　吳之兹撰　民國間活字印本　一册一函　框高一九·四厘米　廣一四厘米　十行二十一字白口四週雙邊單黑魚尾　S二四九二

艮盦詩存六卷　吳英銳撰　吳英鋒等校　一九三八年活字印本　二册一函　框高一八厘米　廣一二·五厘米　九行二十三字白口四週雙邊單黑魚尾　一九三八年吳賢健跋　鈐『周氏叔弢』朱文方印　周叔弢捐贈　S二六四二

悔晦堂詩二卷　吳恭亨撰　清宣統元(一九〇九)年活字印悔晦堂叢刻本　一册一函　框高二〇·四厘米　廣一二·一厘米　十一行二十九字白口四週雙邊單黑魚尾版心上鎸『宣統元年校刊』下鎸『悔晦堂叢刻』　封面牌記鎸『宣統元年五月印於澧州』　書名依封面　S二三七八

來鷺草堂隨筆不分卷　吳滔撰　民國間西泠印社活字印本　一册一函　框高一七·二厘米　廣一二·二厘米　十行十八字白口左右雙邊單黑魚尾版心下鎸『西泠印社吳氏聚珍版』　鈐『黃軼球印』白文方印　S二六一九

白玉詩集八卷　吳鏞撰　一九三二年活字印本　吳鏞題款　二册一函　框高二一厘米　廣一四·八厘米　九行二十字白口四週雙邊單黑魚尾　封面鎸『壬申冬日』　鈐『周氏叔弢』朱文方印　周叔　S二四三七

弢捐贈

白玉詩集八卷　吳鏞撰　一九三二年活字印本　二冊一函　S二四三八

青陽文集五卷　吳鏞撰　一九三七年活字印本　吳鏞題識　二冊一函　框高一八・六厘米　廣一四厘米
九行十九字白口四週單邊單黑魚尾　丁丑(一九三七)年吳鏞自序　鈐『卓銘』朱文方印　S二六三九

望雲軒文稿二卷　吳壽寬撰　一九一七年活字印本　二冊　框高一九・八厘米　廣一一・六厘米　八行
二十五字白口四週單邊單黑魚尾　P三七五四三

蚤槑閣詩集七卷詩餘一卷戇盧文集三卷　蔡培劼撰　一九二三年活字印本　四冊
一函　框高二〇・九厘米　廣一二・九厘　S二六三六
米　十二行二十八字白口四週雙邊單黑魚尾　民國十二年徐廷鱗序　書名依序　鈐『周氏叔弢』朱文方印　周叔
弢捐贈

存八卷　蚤槑閣詩集全　詩餘全

出都詩錄一卷吳篷詩錄一卷樊山沌水詩錄一卷蜀船詩錄一卷　S一九八四
巴山詩錄一卷　易順鼎撰　清光緒十一(一八八五)年活字印楚頌樓詩本　一冊一函　框高一四・二厘
米　廣九・五厘米　九行二十字黑口左右雙邊單黑魚尾　清光緒乙酉(十一年)宋育仁

序 大題在下小題在上

粟香室文稿不分卷 金武祥撰 清光緒間活字印本 一冊一函 框高一七・六厘米 廣一三・三厘米 九行二十五字下黑口四週單邊單黑魚尾 清光緒二十六年華世芳序 書名依版心 鈐「周氏叔弢」朱文方印 周叔弢捐贈

S二四四七

慎宜軒筆記十卷 姚永概撰 一九二六年活字印本 二冊一函 框高一九・一厘米 廣一二・四厘米 十行二十五字白口四週單邊單黑魚尾 一九二六年何養性跋 鈐「周氏叔弢」朱文方印 周叔弢捐贈

S二六三五

靜妙齋文集三卷詩集二卷詞一卷 莊夢齡撰 一九三九年願賢堂活字印本 二冊一函 框高一九・五厘米 廣一三・二厘米 九行二十字下黑口四週雙邊單黑魚尾 封面鐫「靜妙齋全集」封面牌記鐫「己卯孟夏願賢堂刊」 一九三九年徐志青後序 鈐「漢開」朱文方印

S二六四七

二琴居詩鈔四卷 王迪中撰 一九二一年盟鷗別墅活字印本 二冊一函 框高一八・八厘米 廣一五厘米 九行二十一字白口四週雙邊單黑魚尾 封面鐫「中華民國十年」封面牌記鐫「盟鷗別墅用活字版排印」

S一九八八

固蘿詩藁七卷 王丙章撰 一九二八年活字印本 一冊一函 框高二一・六厘米 廣一二・五厘米 九行二十一字黑口四週單邊單黑魚尾 封面牌記鐫「戊辰九月印」

S二七〇八

壬癸集一卷 王國維撰 日本京都聖華房活字印本 一册一函 框高一九·五厘米 廣一五厘米 十行十八字白口左右雙邊單黑魚尾 卷末牌記鐫「大日本京都聖華房以江州舊木活字印行」鈐「周氏叔弢」朱文方印 周叔弢捐贈 S二六三一

壬癸集一卷 王國維撰 日本京都聖華房活字印本 一册 S二六三二

壬癸集一卷 王國維撰 日本京都聖華房活字印本 一册 S二六三三

朱柳亭先生詩文集一卷試帖詩一卷 朱柳亭撰 楊濬川校 一九四二年活字印本 一册一函 框高一七厘米 廣一三厘米 九行十六字白口四週雙邊單黑魚尾版心上鐫「朱柳亭先生」中鐫「詩文全集」 民國三十一年吳澍序 書名依序 鈐「周氏叔弢」朱文方印 周叔弢捐贈 S二六三七

四勿堂詩稿一卷 呂憲斌撰 一九一八年活字印本 一册一函 框高二〇·八厘米 廣一三厘米 八行十九字白口四週雙邊雙黑魚尾 民國七年呂憲斌序 鈐「周氏叔弢」朱文方印 周叔弢捐贈 S二六四五

待盦題畫詩存一卷詩餘偶存一卷摘句一卷 題待盦老人撰 一九一四年活字印本 一册一函 框高一九·四厘米 S二六四六

廣一二・八厘米　十行二十六字白口四週雙邊單黑魚尾版心上鐫「題畫詩存」　一九一四年待盦老人序

聊復軒詩存一卷詩餘一卷　施贊唐撰　清宣統三(一九一一)年活字印本　一冊一函　框高一九・七厘米　廣一三・三厘米　十一行二十一字小字雙行字同白口左右雙邊單黑魚尾　清宣統三年施贊唐序　S二六一四

寄廬詩草二卷　姚鑒撰　方澍評　一九二五年活字印本　一冊一函　框高二一・二厘米　廣一三・五厘米　八行十八字白口四週單邊單黑魚尾　封面鐫「乙丑十月」　鈐「周氏叔弢」朱文方印　周叔弢捐贈　S二六二九

半日閒齋吟草不分卷　徐玉撰　一九二八年懷德堂活字印本　一冊一函　框高二〇・五厘米　廣一四・三厘米　八行十八字白口四週雙邊單黑魚尾版心上鐫「吟草」下鐫「懷德堂印」　封面牌記鐫「民國戊辰冬懷德堂開刊」　鈐「周氏叔弢」朱文方印　周叔弢捐贈　S二六四〇

半日閒齋吟草不分卷　徐玉撰　一九二八年懷德堂活字印本　一冊一函　S二六四一

小兒戲三卷　陳立樹輯　一九二一年迎瑞堂活字印本　一冊一函　框高二〇厘米　廣一一・五厘米　九行二十三字白口四週雙邊單黑魚尾版心下鐫「迎瑞堂」　民國十年陳立樹自序　鈐「周氏叔弢」朱文方印　周叔弢捐贈　S二二八七

小梅園吟草一卷　過鯉廷撰　一九二〇年活字印本　一冊一函　框高二一・三厘米　廣一二・二厘米　九行二十一字白口四週雙邊單黑魚尾版心下鐫「刊印原稿」　封面鐫「小梅園吟草　庚　S二六二七

午仲秋」卷末鐫「古歷陽梓人李達三擺印」 鈐「周氏叔弢」朱文方印 周叔弢捐贈

雞鳴集四卷附錄一卷補編一卷 馮壽梅撰 一九四七年磐園活字印本 一册一函 框高二一·七厘米 廣一四·七厘米 九行二十二字白口四週單邊單黑魚尾版心下鐫「磐園藏版」 民國三十六年馮壽梅自序 鈐「周氏叔弢」朱文方印 「叔弢」朱文方印 周叔弢捐贈 S二六二二

雞鳴集四卷附錄一卷補編一卷 馮壽梅撰 一九四七年磐園活字印本 一册一函 S二六二三

程一夔文甲集八卷續編四卷文乙集續編四卷 程先甲撰 一九二三年活字印本 八册一函 框高一九·一厘米 廣一二·三厘米 九行二十一字黑口四週雙邊單黑魚尾 封面牌記鐫「千一齋排印胡振翼署耑」 民國十二年程先甲識 S二六二〇

霞觴霓詠初編一卷 楊昌祚撰 一九一三年滙南吾廬活字印本 一册一函 框高一九厘米 廣一二·五厘米 八行二十字白口四週單邊單黑魚尾版心下鐫「滙南吾廬」 版本據一九一三年楊昌祚「自解詩」著錄 書名依版心 鈐「周氏叔弢」朱文方印 周叔弢捐贈 S二六四四

石頑書屋文鈔六卷 楊福祺撰 一九一九年活字印本 一册一函 框高一八·八厘米 廣一三·二厘米 九行二十二字下黑口四週雙邊單黑魚尾 封面鐫「己未仲夏」一九一九年錢 S二六三四

振鍠序　『周氏叔弢』朱文方印　周叔弢捐贈

石林文稿不分卷　劉春堂撰　一九一六年活字印本　一册一函　框高一九·五厘米　廣一一·四厘米　八行二十五字白口四週單邊單黑魚尾　民國五年吳壽廣序　書名依目錄　鈐『周氏叔弢』朱文方印　周叔弢捐贈　S二六二八

得天爵齋遺稿文一卷詩一卷詩餘一卷　錢方琦撰　一九二二年錢振鍠活字印本　一册一函　框高一八·八厘米　廣一三·六厘米　八行十八字下黑口四週單邊單黑魚尾　封面鐫『壬戌八月刊』　一九二二年錢振鍠序　鈐『周氏叔弢』朱文方印　周叔弢捐贈　S二四三四

得天爵齋遺稿文一卷詩一卷詩餘一卷　錢方琦撰　一九二二年錢振鍠活字印本　一册一函　S二四三五

得天爵齋遺稿文一卷詩一卷詩餘一卷　錢方琦撰　一九二二年錢振鍠活字印本　一册一函　P三七五三

錢癯僊梅冊徵文彙刻一卷壺天獨唱集一卷　錢鍾瑜輯　錢育佳等校　一九二六年活字印本　一册一函　框高二三·八厘米　廣一六·二厘米　九行二十一字下黑口四週單邊單黑魚尾　版本據一九二六年錢梅子『例言』　鈐『周氏叔弢』朱文方印　『寒在堂』白文方印　周叔弢捐贈　S二六四三

蘭陵集一卷京峴集一卷蘭陵隨筆一卷　謝鼎鎔撰　一九一四年活字印本　一册一函　框高一六·四厘米　廣一三·一厘米　十行二十四字白口四週單邊單黑魚尾　一九一四年曹家達序　鈐「周氏叔弢」朱文方印　周叔弢捐贈　S二五四六

小綠天盦文稿二卷楹聯一卷詩草四卷詞草一卷　竇鎮撰　一九一九年活字印本　四册一函　框高一八·四厘米　廣一三厘米　十行二十三字至二十五字不等下黑口或白口四週雙邊或四週單邊單黑魚尾　封面鐫「己未相月刊印」　卷末鐫「無錫文苑閣排印」　S二五六九

小綠天盦文稿二卷楹聯一卷詩草四卷詞草一卷　竇鎮撰　一九一九年活字印本　二册一函　S二五七〇

師竹廬聯話十二卷　竇鎮撰　一九二一年活字印本　二册一函　框高一九·三厘米　廣一三·五厘米　十行二十五字下黑口四週雙邊單黑魚尾　封面牌記鐫「辛酉孟秋之月校印」　辛酉（一九二一）年胡介昌序　S一九七五

天台遊草五卷附遊天台山十記　千人俊撰　一九三四年活字印本　一册一函　框高一八·八厘米　廣一三·二厘米　十行二十一字白口四週雙邊單黑魚尾　一九三四年章梫序　P一一七二七

吳綬卿先生遺詩一卷　吳祿貞撰　一九一二年活字印本　一冊一函　框高一九·八厘米　廣一三·一厘米　九行二十四字白口四週雙邊單黑魚尾　民國元年謝炳樸跋　書名依版心　P三七五一五

總集類

國初十家詩鈔十種　(清)王相輯　清道光十(一八三〇)年信芳閣活字印本　十二冊三函　框高一九·八厘米　廣一四·二厘米　九行二十字白口四週單邊單黑魚尾版心下鐫『信芳閣藏』　封面鐫『信芳閣藏』　鈐『曾在周叔弢处』朱文方印　『曾經東山柳蓉邨过眼印』朱文方印　S二五五七

存三種
靜惕堂詩八卷　(清)曹溶撰
遺山詩四卷　(清)高詠撰
采山堂詩八卷　(清)周篔撰

假年錄　(清)周秉鑑輯　清嘉慶十(一八〇五)年周氏易安書屋活字印本　五冊一函　框高一九厘米　廣一三·五厘米　十行十八字白口四週單邊單黑魚尾版心下鐫『易安書屋』　清嘉慶乙丑(十年)周秉鑑序　鈐『周秉鑑印』白文方印　周叔弢捐贈　S二三三四

竹素園詩選二卷 (清)許廷鑅撰
甫里逸文一卷附拾遺一卷 (清)周秉鑑輯
甫里詩文選一卷 (清)周秉鑑輯
甫里見聞集一卷 (清)周秉鑑輯
甫里倡酬集三卷 (清)周秉鑑輯

芝峯合集六卷

(清)釋真泰輯 清光緒二十二(一八九六)年活字印本 四册一函 框高一七·七厘米 廣一二·七厘米 九行十九字或二十一字不等白口四週單邊單黑魚尾 清光緒二十二年張汝萊序

S二三二三

芝峯集一卷 (清)釋淨月撰(刻本 九行十九字 框高一六·八厘米 廣十二·七厘米)
芝峯合集一卷 (清)釋一藏等撰
芝峯後集四卷 (清)釋今泰撰

神交集三種三卷

(清)張麟年輯 清光緒三十三(一九〇七)年金陵湯明林印書局活字印本 一册一函 框高一九·六厘米 廣一三·三厘米 十行二十四字白口四週梅花邊單黑魚尾版心下鐫「金陵湯明林印書局排印」 封面鐫「丁未三月」 書名依封面 周叔弢捐贈

S二三一九

懺雲館詩選一卷 (清)趙潤撰
茶醉軒詩選一卷 (清)鄭鍾琪撰
花笑龕詩選一卷 (清)張鳳年撰

敬修堂叢書十種十二卷附小傳

吴鏞輯　一九三七年活字印本　三册一函　框高一八·六厘米　廣一三·九厘米　九行十九字小字雙行字同白口四週單邊單黑魚尾　封面鎸『敬修堂叢書丁丑春』一九三七年吴鏞序　卷次依目録題　鈐『周氏叔弢』朱文方印　周叔弢捐贈

S二三〇四

焚餘草二卷　(明)尹嘉賓撰
　尹澹如先生小傳
過亭詩存一卷　(清)吴羽翽撰
　族祖過亭公小傳　吴鏞撰
椒崖殘稿一卷　(清)陳元撰
　陳椒崖先生小傳　吴鏞撰
鶴溪詩鈔一卷　(清)奚寅撰
　奚鶴溪先生小傳　(清)李兆洛撰
夫須山館詩稿一卷　(清)承培元撰
　承守丹先生小傳　吴鏞撰
晚學軒詩稿一卷　(清)吴一諤撰
　吴二安先生小傳　(清)李兆洛撰
聽雲山莊詩詞一卷　(清)承越撰
　承曜先生小傳　吴鏞撰
倩亭詩鈔一卷　(清)金安撰
　金倩亭先生小傳　吴鏞撰
菊社吟草一卷　(清)承越輯
錫三文稿二卷　(清)奚紹聲撰
　奚錫三先生小傳　吴鏞撰

笙磬集二種二卷

王庸崑輯　一九二一年王氏慕雲山房活字印本　一冊一函　框高一八·八厘米　廣一五·一厘米　九行二十一字白口四週雙邊單黑魚尾　封面鐫「中華民國十年」「慕雲山房王氏校印　新昌石漸逵排字」　鈐「稺園崑印」朱文方印

慕雲山房遺稿一卷　（清）王兆雷撰

月媒小史詩稿一卷　（清）王石渠撰

S二三二九

笙磬集二種二卷

王庸崑輯　一九二一年王氏慕雲山房活字印本　一冊一函

S二三三〇

文苑英華律賦選四卷

（清）錢陸燦選　劉士弘訂　清康熙吹藜閣銅活字印本　四冊一函　框高二一·二厘米　廣一五·二厘米　十行十八字黑口四週單邊雙黑魚尾版心中鐫「英華律賦選」　封面鐫「吹藜閣同版」　清康熙二十五年蔣伊序　鈐「叔弢」朱文方印　「寒在堂」白文方印

Z四二

秦漢文鈔十二卷

（明）馮有翼輯　汪德元訂　清光緒十三（一八八七）年婁東味菜廬活字印本　六冊一函　框高一九厘米　廣一三·四厘米　九行十七字小字雙行字同白口四週雙邊單黑魚尾　封面鐫「光緒丁亥婁東味菜廬雠印」　鈐「寒在堂」白文方印　周叔弢捐贈

S二三〇六

秦漢文鈔十二卷

（明）馮有翼輯　汪德元訂　清光緒十三（一八八七）年婁東味菜廬活字印本　六冊一函

S二三〇三

太平呂氏文集二十四卷附集三卷　(明)呂播輯　清光緒間活字印本　五冊　框高二〇·三厘米　廣一三·七厘米　九行二十字白口四週單邊單黑魚尾　書名依版心　鈐『夢選樓胡氏宗懋藏』朱文方印　P一九九八五

古今經世策論舉隅八卷　(清)孫元蘭輯　清光緒三十(一九〇四)年蘇州毛上珍活字印本　四冊一函　框高一九·三厘米　廣一三·九厘米　十行二十四字下黑口左右雙邊單黑魚尾　卷末鐫『蘇州毛上珍聚珍板印成』　清光緒甲辰(三十年)孫元蘭序　書名及卷次依書口　鈐『周氏叔弢』朱文方印　周叔弢捐贈　S二三〇九

江上詩鈔一百七十五卷卷首一卷　顧季慈輯　一九三一年陶社活字印本　四十冊五函　框高一八·七厘米　廣一三·八厘米　十一行二十二字小字雙行字同白口四週雙邊單黑魚尾版心下鐫『陶社校刊』　封面鐫『中華民國二十年陶社校刊』　S二三〇一

江上詩鈔一百七十五卷卷首一卷　顧季慈輯　一九三一年陶社活字印本　十六冊二函　存五十六卷　一至五十六　S二三〇七

今雨舊雨詩集二卷附倚雲吟草一卷　方仁淵輯　一九一四年倚雲吟館活字印本　二冊一函　框高一九·五厘米　廣一三·三厘米　九行二十字小字雙行字同下黑口四週單邊單黑魚尾版心中鐫『倚雲吟館』　一九一四年方仁淵序　鈐『周氏叔弢』朱文方印　周叔弢捐贈　S二三〇二

太平鄉訓稿不分卷 不著撰人 一九三〇年活字印本 一册一函 框高二一·八厘米 廣一三厘米 八行二十字白口四週單邊單黑魚尾版心中鐫「仙佛聖詩訓」 首頁題「補民國庚午年十一月初三日丑刻」 書名依版心 鈐「周氏叔弢」朱文方印 周叔弢捐贈 S二六一三

才調集十卷 （蜀）韋縠輯 清維揚述古齋活字印本 四册一函 框高一九厘米 廣一三·八厘米 八行十九字小字雙行字同白口四週雙邊單黑魚尾版心下鐫「述古齋排印」 封面鐫「維揚述古齋排印」 鈐「雪堂過目」朱文方印 「寒在堂」白文方印 「周氏叔弢」朱文方印 周叔弢捐贈 S二三一三

唐詩不分卷 □□□輯 清道光活字印巾箱本 一册一函 框高一四·一厘米 廣一〇·九厘米 十行二十一字白口四週雙邊單黑魚尾 封面鐫「道光御選唐詩全函」 鈐「琬玉居物」朱文方印 「周氏叔弢」朱文方印 周叔弢捐贈 S二三一二

寸珠集二卷 □□□輯 清活字印本 李元龍朱墨筆批校 一册一函 框高一七·二厘米 廣一三·二厘米 九行十九字黑口四週單邊單黑魚尾 鈐「辰鍾」朱文方印 「周氏叔弢」朱文方印 「李元龍印」白文方印 周叔弢捐贈 S二三一四

聖宋九僧詩一卷補遺一卷 （宋）陳起輯 一九一七年上海醫學書局活字印本 一册一函 框高一七·七厘米 廣一二·三厘米 九行十九字黑口四週雙邊單黑魚尾 版心中鐫「九僧詩」「九僧詩補遺」 封面鐫「丁巳九月上海醫學書局活字本」 卷末鐫「無錫游藝齋排印」 鈐「周氏叔弢」朱文方印 周叔弢捐贈 S二三三五

聖宋九僧詩一卷補遺一卷 （宋）陳起輯 一九一七年上海醫學書局活字印本 一册一函 S二三三六

月泉吟社三卷　(宋)吳渭編　清咸豐元(一八五一)年活字印本　一冊一函　框高二〇·二厘米　廣一一·八厘米　十行三十二字白口左右雙邊單黑魚尾　清咸豐辛亥(元年)伍崇曜跋　鈐『周氏叔弢』朱文方印　周叔弢捐贈　S二三三七

國朝文纂五十卷存一卷　四　(明)張士瀹撰　明活字印本　一冊一函　框高一七·一厘米　廣一三·四厘米　九行十八字白口四週單邊單黑魚尾　S二四一六

千叟宴詩三十四卷卷首二卷　(清)高宗弘曆等撰　清嘉慶元(一七九六)年武英殿聚珍版印本　三十八冊一匣　框高二二·五厘米　廣一六·八厘米　十一行二十五字小字雙行字同白口四週雙邊單黑魚尾　清乾隆六十年御製序　S四〇〇三

千叟宴詩三十四卷卷首二卷　(清)高宗弘曆等撰　清嘉慶元(一七九六)年武英殿聚珍版印本　三十二冊一匣　與八旬萬壽盛典同函　S四〇四四

同人集十二卷　(清)冒襄輯　清咸豐九(一八五九)年水繪庵活字印本　十二冊二函　框高二〇·九厘米　廣一三·四厘米　九行二十三字白口四週雙邊單黑魚尾版心下鐫『水繪庵』　清咸豐己未(一八五九)年冒溶跋　鈐『周氏叔弢』朱文方印　『寒在堂』白文方印　周叔弢捐贈　S二三〇五

德政詩不分卷　(清)陸慶頤輯　清咸豐四(一八五四)年活字印本　一冊一函　框高二〇·一厘米　廣一三·八厘米　九行二十字白口四週單邊單黑魚尾　卷末牌記鐫『常州太浮橋東楊鑑亭刻刷印』　S二二一九

清咸豐四年陸慶頤序　書名依版心　鈐『周氏叔弢』朱文方印　周叔弢捐贈

藝菊軒紀壽詩存一卷　(清)江澤仁輯　清光緒二十三(一八九七)年活字印本　一冊一函　框高一八·二厘米　廣一三厘米　九行二十一字上黑口四週雙邊單黑魚尾　清光緒二十三年貢士元序　S二三四四

高歌集一卷　(清)張祥河輯　清道光間活字印本　二冊一函　框高一五厘米　廣一〇·五厘米　八行十六字黑口四週單邊　書名依封面　清道光甲辰(二十四)年張祥河序　鈐『周氏叔弢』朱文方印　周叔弢捐贈　S二三一七

高歌集一卷　(清)張祥河輯　清道光間活字印本　二冊一函　S二三一八

孝友壽徵錄　(清)呂東皐輯　清活字印本　二冊一函　框高一九·一厘米　廣一三·三厘米　八行十八字白口四週單邊單黑魚尾　一九二八年易鳳庭序　鈐『周氏叔弢』朱文方印　『慈谿耕餘樓藏』朱文長方印　S二三一二

梅箑題詞前集一卷次集一卷　(清)王敦仁輯　清同治元(一八六二)年存桂山房活字印本　一冊一函　框高二二·二厘米　廣一三·二厘米　八行二十二字白口四週雙邊單黑魚尾版心下鐫『存桂山房珍藏』　清同治元年王敦仁序　書名依版心　鈐『盛昱之印』白文方印　『周氏叔弢』朱文方印　周叔弢捐贈　S二三〇八

焦桐集四卷　（清）張元吉輯　附集一卷　（清）李日曦輯　清光緒無錫文苑閣活字印本　一册一函　框高一六·七厘米　廣一二·七厘米　十行二十四字白口左右雙邊單黑魚尾　卷末鐫「癸巳夏六月無錫文苑閣排印」　鈐「周氏叔弢」朱文方印　周叔弢捐贈　S二三一〇

讀書秋樹根圖題詠不分卷　（清）郭慶藩輯　清光緒八（一八八二）年湘陰郭氏活字印本　二册一函　框高一六·五厘米　廣一〇·四厘米　九行十九字黑口四週雙邊　封面牌記鐫「光緒壬午夏湘陰郭氏刊」　S二五九六

澴風集不分卷　（清）張模輯　清宣統三（一九一一）年徐氏安節堂活字印本　一册一函　框高二〇·七厘米　廣一三·五厘米　十一行二十八字白口四週雙邊單黑魚尾版心中鐫「徐氏安節堂刊」　封面鐫「宣統三年秋七月」　P三七六一二

太湖雜詠不分卷　（清）陳夔龍等撰　民國間活字印本　一册一函　框高一八·七厘米　廣一二·六厘米　十行二十六字白口四週單邊　S二五九八

輿誦編一卷　（清）陶錫珪輯　清光緒十七（一八九一）年活字印本　一册一函　框高一九·五厘米　廣一四·一厘米　十一行二十二字白口四週三邊單黑魚尾版心下鐫「光緒辛卯年梓」　清光緒十七年潘樹棠序　鈐「周氏叔弢」朱文方印　周叔弢捐贈　S二三一六

國朝史論約鈔四卷　（清）吳曾徯輯　清光緒二十七（一九〇一）年江陰章氏紫荆書屋活字印本　王潤生批校　四册一函　框高二一·一厘米　廣一四·四厘米　十行二十四字白口四週雙　S二一〇三

邊單黑魚尾　封面鐫「光緒辛丑仲冬江陰章氏紫荆書屋栞行」　清光緒二十七年吳曾祺識

句餘嗣響不分卷　（清）李梅輯　清宣統二（一九一〇）年天門山館活字印本　一冊一函　框高一八厘米　廣一三·五厘米　九行二十一字白口四週雙邊單黑魚尾版心下鐫「天門山館印本」　封面牌記鐫「宣統二年仲冬天門山館印本」　著者依序題　鈐「周氏叔弢」朱文方印　周叔弢捐贈　S二〇三九

句餘嗣響不分卷　（清）李梅輯　清宣統二（一九一〇）年天門山館活字印本　一冊一函　S二三三〇

天南鴻雪不分卷　姜可欽等撰　一九一五年活字印本　一冊一函　框高一七·一厘米　廣一二·一厘米　十行十八字小字雙行字同白口左右雙邊單黑魚尾　封面鐫「民國四年九月」　鈐「周氏叔弢」朱文方印　周叔弢捐贈　S二三三一

天南鴻雪不分卷　姜可欽等撰　一九一五年活字印本　一冊一函　P三七六一五

五喜唱穌集不分卷　孫霽周编　一九二〇年南陵賓卿齋活字印本　一冊一函　框高二〇厘米　廣一三·一厘米　十行二十二字白口四週單邊單黑魚尾版心下鐫「南陵賓卿齋印」　封面鐫「民國九年庚申春」　鈐「周氏叔弢」朱文方印　「蘭軒主人」朱文方印　「孫霽周印」白文方印　周叔弢捐贈　S二六二五

五喜唱穌集不分卷　孫霽周编　一九二〇年南陵賓卿齋活字印本　一冊一函　S二六二六

春靄軒稀齡唱和集不分卷 惲榮輯 一九二四年活字印本 一冊一函 框高一八·七厘米 廣一三·二厘米 十一行二十三或二十四字不等黑口四週雙邊單黑魚尾 版本據甲子(一九二四)年惲榮誌謝詞著錄 書名依書皮題 S二六二四

錫嘏堂壽言一卷 謝天錫輯 一九一八年西泠印社活字印本 一冊一函 框高一七·二厘米 廣一二·二厘米 十行十八字白口四週單邊單黑魚尾 封面牌記鐫『戊午季秋以西泠印社聚珍版排印』 書名依書簽題 P三七五七四

知非唱和集一卷 莊遷撰 一九四三年活字印本 一冊一函 八行二十一字白口四週單邊單黑魚尾 框高二二·六厘米 廣一六厘米 版本據莊遷撰『癸未五十有五書懷』 書名依版心 鈐『周氏叔弢』朱文方印 『覺盦』朱文方印 周叔弢捐贈 S二三二八

吳都文粹十卷 (宋)鄭虎臣輯 清康熙六十(一七二一)年婁東施氏活字印本 十冊一函 框高二〇·三厘米 廣一二·八厘米 九行二十一字白口左右雙邊單黑魚尾版心下鈐『醉香樓珍藏』 清康熙六十年施天琪序 鈐『周氏叔弢』朱文方印 『汾源』朱文方印 周叔弢捐贈 S二三四二

梁溪詩鈔五十八卷 (清)顧光旭輯 清宣統三(一九一一)年文苑閣活字印本 二十四冊四函 框高一九·一厘米 廣一三·五厘米 十行十九字白口四週單邊單黑魚尾 封面鐫『宣統歲次辛亥孟夏續刊 文苑閣排印』 S二三三二

梁溪文鈔四十卷 (清)周有壬輯 侯學愈重訂 梁溪文續鈔六卷 侯學愈輯 一九一四年遊藝齋活字印本 S二三三三

十六冊二函　框高一九·六厘米　廣一三·七厘米　十行二十四字小字雙行字同白口四週單邊單黑魚尾　封面牌記鐫「甲寅仲冬月遊藝齋聚珍版印」

梁溪文鈔四十卷　（清）周有壬輯　侯學愈重訂　梁溪文續鈔六卷　侯學愈輯　一九一四年遊藝齋活字印本　二冊一函　S二一八五

存六卷　梁溪文續鈔全

錫山攬袂集二卷卷首一卷附松滋祠廟事略一卷　（清）邵涵初輯　清同治十二（一八七三）年活字印本　二冊一函　框高一九·三厘米　廣一三·八厘米　九行十九字白口四週單邊　封面鐫「同治癸酉冬月重鐫」　清同治癸酉（十二年）高鑅泉跋　書名依封面　周叔弢捐贈　S二三四〇

錫山攬袂集二卷卷首一卷附松滋祠廟事略一卷　（清）邵涵初輯　清同治十二（一八七三）年活字印本　一冊一函　鈐「周氏叔弢」朱文方印　周叔弢捐贈　S二三三九

甫里逸詩二卷　（清）周秉鑑輯　清乾隆五十六（一七九一）年周氏易安書屋活字印本　二冊一函　框高一九厘米　廣一三·六厘米　十行十九字白口四週單邊單黑花魚尾版心下鐫「易安書屋」　清乾　S二三三五

隆五十六年彭政序　鈐『周氏叔弢』朱文方印　『治堂』朱文方印　『彭政印』白文方印　『寒在堂』白文方印　周叔弢捐贈

存一卷　上

陶氏五宴詩集二卷　(清)陶然輯　清光緒二十一(一八九五)年活字印本　一册一函　框高一八·四厘米　廣一三·九厘米　九行二十一字黑口左右雙邊單黑魚尾版心中鐫『五宴詩集』　清光緒乙未(二十一年)陶惟增等跋　鈐『周氏叔弢』朱文方印　周叔弢捐贈　S二五二一

東浦集六卷卷首一卷　(清)管名籌輯　清光緒二十一(一八九五)年半耕室活字印本　一册一函　框高一八·六厘米　廣一三·三厘米　十行二十一字小字雙行字同白口四週雙邊雙黑魚尾版心下鐫『半耕室仿聚珍板印』　封面牌記鐫『光緒乙未冬半耕室校刊』　清光緒二十一年王棻序　S二二三四三

閉門稿　歸來稿一卷　(明)管鑑撰
二洞小稿一卷　(明)管邦宰撰
濟川詩存一卷　(明)管爲霖撰
勤箴遺稿一卷　(明)管爲國撰
名公翰藻二卷　(明)管爲國輯
附：
醫俗軒遺稿一卷　(清)管名籌撰

國朝天台詩存十四卷附補遺一卷　(清)金文田輯　齊毓川校　清光緒三十四(一九〇八)年活字印本　四册一函　框高一八·三厘米　廣一三·一厘米　十行二十二字小字雙行字同白口四週雙邊單黑魚尾　封面牌記鐫『光緒戊申夏五排印』　S二六九四

天台詩選六卷補遺一卷續補遺一卷

(明)許鳴遠輯　一九一二年活字印本　二冊一函　框高一八·二厘米　廣一三·一厘米　十行二十二字小字雙行字同白口四週雙邊單黑魚尾　封面牌記鐫『民國元年季秋排印』　一九一二年金潛序　鈐『周氏叔弢』朱文方印　周叔弢捐贈

S二三三八

永嘉四靈詩四卷

上海醫學書局编　一九一七年上海醫學書局活字印本　一冊一函　框高一八·七厘米　廣一二·五厘米　九行二十字下黑口四週雙邊單黑魚尾版心上鐫『四靈詩』　封面鐫『丁巳十月永嘉四靈詩　上海醫學書局聚珍本』　卷末鐫『無錫游藝齋活盤局排印』

芳蘭軒集一卷　(宋)徐照撰
二薇亭集一卷　(宋)徐璣撰
葦碧軒集一卷　(宋)翁卷撰
清苑齋集一卷　(宋)趙師秀撰

S二三一五

永嘉四靈詩四卷

上海醫學書局编　一九一七年上海醫學書局活字印本　二冊一函

S二〇三五

天台三高士遺集六卷

(清)齊召南輯　清宣統三(一九一一)年活字印本　一冊一函　框高一八·四厘米　廣一三·三厘米　十行二十二字白口四週雙邊單黑花魚尾版心上鐫『三高士遺集』　封面牌記鐫『宣統辛亥三月用聚珍板排印』　清宣統三年張廷琛識文　書名依封面　鈐『周氏叔弢』朱文方印　周叔弢捐贈

S二三四一

遜敏堂稿一卷　(明)朱之任撰
自娛集一卷　(明)朱之任撰
撫琴稿二卷　(明)徐光綬撰
登善樓稿一卷　(明)張亨梧撰
宛鳴草一卷　(明)張亨梧撰

濡須詩選一卷　方澍輯　姚鑒校　一九二五年活字印本　一冊一函　框高二一厘米　廣一三·七厘米　十行二十一字下黑口四週單邊單黑魚尾　封面鐫『中華民國十四年己丑出版』　鈐『周氏叔弢』朱文方印　周叔弢捐贈　S二六二一

溫陵詩紀十二卷　(清)陳棨仁　龔顯曾輯　清光緒元(一八七五)年誦芬堂活字印本　三冊一函　框高一九·六厘米　廣一三·三厘米　十二行二十四字小字雙行字同黑口四週單邊雙黑魚尾版心下鐫『誦芬堂正本』　清光緒乙亥(一年)龔顯曾序　S二三三四

滎陽詩鈔合選五卷　(清)鄭漢津輯　清光緒三十(一九〇四)年龍山鄭氏譜局活字印本　一冊一函　框高一八厘米　廣一三·二厘米　九行二十一字白口左右雙邊單黑魚尾　清光緒三十年鄭漢津　鄭景僑跋　鈐『周氏叔弢』朱文方印　周叔弢捐贈　S二三四七
香雪吟草一卷　(清)鄭良撰
槖中集吟草一卷　(清)鄭蛟撰
鳳湖山房吟草一卷　(清)鄭宇震撰
古箬山房吟草一卷　(清)鄭儒珍撰
師竹山房吟草一卷　(清)鄭文藻撰
附：蒹亭吟草一卷　(清)鄭墀撰

符江詩存一卷 (清)李超瓊輯 清光緒二十二(一八九六)年活字印石船居輯稿本 一冊一函 框高一六・三厘米 廣一二・八厘米 九行二十字白口左右雙邊單黑魚尾版心下鐫『石船居賸稿』『石船居輯稿』 清光緒二十二年李超瓊跋　S二二三六

栘華館駢體文四卷 (清)董基誠 董祐誠撰 清光緒十四(一八八八)年活字印本 二冊一函 框高一七・八厘米 廣一一・五厘米 九行二十一字黑口四週單邊單黑魚尾 封面牌記鐫『光緒十有四年六月陽湖彝訓篆』 鈐『周氏叔弢』朱文方印 周叔弢捐贈　S二二四八

吳氏千文樓彙存詩鈔不分卷附刊會心草堂詩集一卷 (清)吳殿鍾 吳祥霖輯 清同治十二(一八七三)年敬義堂活字印本 一冊一函 框高一九・三厘米 廣一三・六厘米 九行十九字白口四週單邊單黑魚尾版心上鐫『千文樓賸稿』下鐫『敬義堂』 封面鐫『同治癸酉仲夏敬義堂藏板』 清同治十二年吳祥霖跋 鈐『周氏叔弢』朱文方印 周叔弢捐贈　S二二四六

湖平王氏先代詩文合鈔五卷 (清)王樹屏 王登賢編 何司直等選定 清同治十二(一八七三)年五湖書院活字印本 二冊一函 框高二二・二厘米 廣一二・九厘米 十行二十四字白口四週雙邊單黑魚尾版心上鐫『湖平王氏詩文合鈔』 封面鐫『同治癸酉夏月五湖書院梓』 清同治癸酉(十二年)梁維翰序　S二二四九

曹氏傳芳錄 曹希璨輯 **遯庵詩稿一卷續一卷補一卷附團綠山房詩**　S二六五八

餘一卷　曹希瑑撰　雙桂園遺稿一卷　林一枝撰　清宣統元（一九〇九）年活字印本　二冊一函　框高一八·四厘米　廣一三·三厘米　十行二十二字白口四週雙邊單黑魚尾　封面牌記鐫『宣統元年莫春用聚珍板重印』　書名依序題

傳芳錄存
訓兒錄二卷　（宋）曹淇撰
霞間稿一卷　（元）曹文炳撰

曹氏傳芳錄　曹希瑑輯　遯庵詩稿一卷續一卷補一卷附團綠山房詩餘一卷　曹希瑑撰　雙桂園遺稿一卷　林一枝撰　清宣統元（一九〇九）年活字印本　二冊一函　S二六五九

傳芳錄存
訓兒錄二卷　（宋）曹淇撰
新山詩集一卷　（元）曹文炳撰

蓉門倪氏詩集八卷　諸祖德輯　楊壽杓校　一九一七年活字印本　一冊一函　框高二〇·四厘米　廣一三·八厘米　九行二十字白口四週雙邊單黑魚尾　書皮鐫『丁巳長夏諸祖德署』　S二四六〇

漢川林氏文徵十四卷　林其奐輯　一九一八年敦本堂活字印本　四冊一函　框高二一·四厘米　廣一四·五厘米　九行二十二字白口左右雙邊單黑魚尾版心上鐫『林氏文徵』下鐫　S二三五〇

『敦本堂』 封面鐫『民國戊午年開雕 敦本堂藏版』 民國七年林其奐序

述善堂詩存三十四卷

(清)竇以蒸輯 清光緒十六(一八九〇)年桂春草堂活字印本 五冊一函 框高一九·一厘米 廣一二·九厘米 九行十七字白口四週雙邊單黑魚尾 封面鐫『光緒庚寅歲鐫 本堂藏板』 子目封面鐫『光緒庚寅春月桂春草堂校栞』 清光緒十六年竇以蒸序 周叔弢捐贈

S二三一

存二十二卷

把青堂詩集八卷 (清)竇國華撰

紅藥園詩集三卷 (清)竇守謙撰

槐陰屋詩集二卷 (清)竇守愚撰

延綠閣詩選一卷 (清)竇榮昌撰

擷蘅軒詩鈔二卷 (清)竇桂林撰

奈何編一卷 (清)竇如郊撰

留餘堂詩集四卷 (清)竇懌祁撰

梅花館遺詩一卷 (清)竇如郇撰

錢氏家集

錢振鍠編 清光緒三十三(一九〇七)年活字印本 八冊一函 框高二〇·三厘米 廣一四·四厘米 十二行二十五字下黑口四週單邊單黑魚尾 封面牌記鐫『光緒丁未秋九月』 鈐『周氏叔弢』朱文方印 周叔弢捐贈

S二六九〇

佳樂堂遺稿一卷 (清)錢鈞撰

九峰閣詩集六卷文集四卷 (清)錢嚮杲撰

謫星初集詩二卷文一卷說詩一卷筆談一卷雜著一卷 錢振鍠撰

謫星二集文二卷詩一卷筆談一卷雜著一卷 錢振鍠撰

謫星三集文三卷詩一卷筆談一卷　錢振鍠撰
雲在軒詩集三卷筆談一卷　(清)錢希撰
北窗吟草一卷　(清)錢永撰
謫星詞一卷　錢振鍠撰
謫星對聯一卷　錢振鍠撰
附：
乩詩録一卷　錢振鍠輯
求拙齋遺詩一卷　(清)蔣南棠撰

錢氏家集

錢振鍠編　清光緒三十三(一九〇七)年活字印本　八冊一函

S二六九一

陽湖錢氏家集

錢振鍠编　清末活字印本　三冊一函　框高一七·三厘米　廣一三·九厘米　九行二十字下黑口四週單邊單黑魚尾

S二六八〇

佳樂堂遺集一卷　(清)錢鈞撰
九峰閣诗集六卷　(清)錢嚮杲撰
謫星詩草四卷　钱振鍠撰
雲在軒詩草三卷　(清)錢希撰
雲在軒筆談一卷　(清)錢希撰
北窗吟草一卷　(清)錢永撰
附：
乩詩録一卷　钱振鍠撰
求拙齋遺詩一卷　(清)蔣南棠撰

陽湖錢氏家集

錢振鍠编　清末活字印本　三冊一函

S二六八一

張氏吉光集三種

張之純輯　一九一四年活字印本　二冊一函　框高二二·二厘米　廣一五·五厘米　十行二十字下黑口四週單邊單黑魚尾　封面鐫『甲寅秋月鋟版』　民國三年張之純序　鈐『周氏叔弢』朱文方印　『光裕堂藏書印』朱文方印　周叔弢捐贈

宦遊紀聞　（明）張誼撰
水南翰紀　（明）張袞撰
先代遺詩　張之純輯

S二二三二七

秦氏三府君集

秦毓鈞輯　一九二八年味經堂活字印本　三冊一函　框高一八·二厘米　廣一三·二厘米　十行二十二字白口四週單邊單黑魚尾　封面牌記鐫『民國己巳味經堂印行』　民國十七年秦毓鈞序

修敬詩集二卷附錄一卷　（明）秦旭撰
鳳山詩集二卷附錄一卷　（明）秦金撰
從川詩集二卷附錄一卷　（明）秦瀚撰

S二二三四五

秦氏三府君集

秦毓鈞輯　一九二八年味經堂活字印本　三冊一函

S二二三五一

詩文評類

浩然齋雅談三卷 （宋）周密撰　清乾隆四十年（一七七五）年武英殿聚珍版叢書本　二册一函　框高一九・四厘米　廣一二・六厘米　九行二十一字白口四週雙邊單黑魚尾　鈐「光熙所藏」白文長方印

S二六七五

校補金石例四種十七卷 （清）李瑤編　清道光十二（一八三二）年李氏泥活字印本　十册一函　框高二一・二厘米　廣一五・二厘米　十行二十四字小字雙行字同黑口左右雙邊單黑魚尾　封面牌記鐫「七寶轉輪藏定本仿宋膠泥版印瀍」　清道光十一年李瑤序　鈐「叔弢」朱文方印　周叔弢捐贈

金石例十卷　（元）潘昂霄撰
墓銘舉例四卷　（明）王行撰
金石要例一卷　（清）黃宗羲撰
金石例補二卷　（清）郭麐撰

Z八九

古詩評林六卷 （清）趙兆熊輯　清道光二十四（一八四四）年活字印本　二册一函　框高一八・六厘米　廣一一・八厘米　九行二十一字白口左右雙邊單黑魚尾　清道光二十四年趙兆熊序

S二六七四

詩話二卷　不著撰人　清活字印本　二冊一函　九行二十字黑口四週雙邊單黑魚尾　框高一六・九厘米　廣一二・三厘米　鈐『周氏叔弢』朱文方印　周叔弢捐贈　S二六七三

小說類

聊齋志異遺稿四卷　(清)蒲松齡撰　清光緒四(一八七八)年京都聚珍堂活字印巾箱本　二冊一函　框高一四・五厘米　廣一〇・七厘米　十行二十二字白口四週雙邊單黑魚尾版心上鐫『聊齋拾遺』下鐫『聚珍堂』　封面鐫『聊齋志異拾遺　京都隆福寺路南聚珍堂書坊發兌』　封面牌記鐫『光緒四年歲次戊寅首夏校字』　鈐『周氏叔弢』朱文方印　周叔弢捐贈　S二六六六

臺灣外記三十卷　(清)江日昇撰　清康熙求無不獲齋活字印本　十冊二函　框高一七・九厘米　廣一一・五厘米　十行二十三字白口四週雙邊雙黑魚尾版心下鐫『求無不獲齋』　封面鐫『癸巳仲夏　求無不獲齋刊』　清康熙甲申(四十三)年陳祈永序　鈐『珩藏』朱文橢圓印　『蠹齋所藏』白文方印　『曾在周紹良處』朱文長方印　『袁克文印』白文方印　S二六七二

精訂綱鑑廿一史通俗衍義二十六卷四十四回　(清)呂撫撰　清雍正間正氣堂活字泥版印本　二十四冊四　S二六七一

函　框高二一厘米　廣一三・八厘米　十行二十二字白口四週單邊單花黑魚尾版心上鐫「綱鑑通俗衍義」　封面鐫「精繪圖像　廿一史演義　正氣堂藏板」　卷二十五「附印字物件列後」詳述活字泥版印書工藝　鈐「嗚晦盧珍藏金石書畫記」朱文長方印　「蠹齋藏小說」朱文長方印　「滌龕藏書之印」白文方印　「孝慈」朱文方印　「蠹齋」朱文方印　「曾藏周紹良處」朱文長方印　「至德周紹良所珍愛書」朱文方印　「至德周紹良蠹齋所藏通俗曲本小說印」白文方印

儒林外史五十六回

(清)吳敬梓撰　清同治八(一八六九)年群玉齋活字印本　十四冊一函　框高一八・五厘米　廣一三・六厘米　九行二十字白口四週單邊單黑魚尾　封面鐫「同治己巳秋擺印　群玉齋活字板」

S二六六八

紅樓夢一百二十回

(清)曹霑撰　高鶚補　清乾隆五十七年(一七九二)年程氏萃文書屋活字印本　四十八冊六函　框高一七・二厘米　廣一一・六厘米　十行二十四字白口上下雙邊單黑魚尾　首有清乾隆辛亥(五十六年)高鶚序及乾隆壬子(五十七年)程小泉「引言」　有圖　鈐「王利器印」朱文方印　「木齋」朱文方印　「李盛鐸印」朱文方印

Z七

紅樓夢一百二十卷一百二十回附讚一卷總評一卷大觀園圖說一卷像一卷

(清)曹霑撰　高鶚補　王希廉評　清光緒二(一八七六)年京都聚珍堂活字印巾箱本　二十四冊四函　框高一四・五厘米　廣一一・一厘米　十行二十二字白口四週雙邊單黑魚尾版心上鐫「綉像紅樓夢」下鐫「聚珍堂」　封面鐫「光緒丙子年校印　繡像紅樓夢　京都隆福寺路南聚珍堂書坊發兌」　鈐「聚珍堂擺印」朱文方印　「周氏叔弢」朱文方印　周叔弢捐贈

S二七〇〇

第一奇書野叟曝言二十卷一百五十二回

（清）夏敬渠撰　清光緒七（一八八一）年毘陵彙珍樓活字印本　二十冊一函　框高二〇·二厘米　廣一三·六厘米　十行二十八字白口左右雙邊單黑魚尾版心上鐫「第一奇書」　封面鐫「野叟曝言　光緒歲次辛巳冬月　毘陵彙珍樓新刊」　鈐「蠹齋」白文方印　「曾在周紹良處」朱文方印　「至德周紹良蠹齋所藏通俗曲本小說印」白文方印　卷四至五抄配

S二六七〇

兒女英雄傳評話四十回首一回

（清）文康撰　清道光四（一八七八）年京師聚珍堂活字印巾箱本　二十冊二函　框高一四·六厘米　廣一〇·八厘米　十行二十二字白口四週雙邊單黑魚尾版心上鐫「兒女英雄傳」下鐫「聚珍堂」　封面鐫「兒女英雄傳　京都隆福寺路南聚珍堂書坊發兌」　封面牌記鐫「光緒四年歲次戊寅孟秋校字」　著者依序　鈐「周氏叔弢」朱文方印　周叔弢捐贈

S二六六七

詞類

十家詞彙

（清）金繩武編　清咸豐六（一八五六）年評花仙館活字印本　一冊一函　框高二一厘米　廣一四厘米　九行二十五字下黑口四週雙編單黑魚尾版心下鐫「評花仙館藏本」　清咸豐六年金繩武序　鈐「周氏叔弢」朱文方印　周叔弢捐贈

S二六五三

存三種

畫梅樓詞一卷　(清)湯貽汾撰
香銷酒醒詞一卷　(清)趙慶熺撰
曲池小圃詞一卷　(清)楊尚觀撰

石湖詞一卷補遺一卷　(宋)范成大撰　**和石湖詞一卷**　(宋)陳三聘撰　清味菜廬活字印本　一冊一函　框高一九·三厘米　廣一三·三厘米　九行十七字黑口四週雙邊單黑魚尾　封面牌記鐫「味菜廬集印本」　鈐「周氏叔弢」朱文方印　周叔弢捐贈　S二三六六

棲香閣詞二卷　(清)顧文婉撰　一九一五年活字印本　一冊一函　框高一七·四厘米　廣一三·四厘米　十行二十四字白口四週單邊單黑魚尾　封面鐫「乙卯小春」　鈐「無室」朱文方印　「黃節」白文方印　S二五六三

緜桐館詞一卷　(清)楊調元撰　一九一四年活字印本　一冊一函　框高一四·三厘米　廣一〇·八厘米　九行十五字白口四週單邊單黑魚尾　封面鐫「甲寅秋日」　一九一四年李岳瑞序　P三七五五七

聽雨小樓詞稿二卷　(清)楊英燦撰　清光緒十七(一八九一)年西溪草堂活字印本　黃裳題識　二冊　框高一七·二厘米　廣一二·一厘米　九行二十一字黑口四週雙邊單黑魚尾　封面鐫「聽雨小樓詞鈔」　封面牌記鐫「光緒辛卯秋九月西溪草堂排印本」　S二四三九

雪堂詞鈔一卷　金榜撰　一九三〇年活字印本　一冊一函　框高一九·四厘米　廣一四厘米　八行二十字下黑口四週單邊單黑魚尾　一九三〇年陳淵序　鈐「周氏叔弢」朱文方印　周叔弢捐贈　S二六五四

雪堂詞鈔一卷　金榜撰　一九三〇年活字印本　一冊一函　S二六五七

曲類

極樂世界八卷八十二回　題（清）觀劇道人撰　清光緒七（一八八一）年京都聚珍堂活字印巾箱本　八冊一函　框高一四·七厘米　廣一〇·八厘米　十行二十二字白口四週雙邊單黑魚尾版心下鐫「聚珍堂」　封面鐫「極樂世界傳奇　京都隆福寺路南聚珍堂書坊發兑」　封面牌記鐫「光緒七年歲次辛己首夏擺印」　鈐「聚珍寶藏」陰陽文方印　S二六六〇

歷代史略鼓詞不分卷　（清）賈凫西撰　清光緒七（一八八一）年京都聚珍堂活字印巾箱本　一冊一函　框高一四·八厘米　廣一〇·七厘米　十行二十二字小字雙行字同白口四週雙邊單黑魚尾版心上鐫「史略鼓詞」下鐫「聚珍堂」　封面鐫「京都隆福寺路南聚珍堂書坊發兑」　封面牌記鐫「光緒七年歲次辛巳孟夏擺印」　著者依序題　卷端題「木皮散客著」　鈐「聚珍寶藏」陰陽文方印　「周氏叔弢」朱文方印　「曾在周紹良處」朱文長方印　周叔弢捐贈　S二六六三

果報録十二卷一百回　（清）海芝濤撰　清活字印巾箱本　十二冊二函　框高一五·四厘米　廣一〇·六厘米　十二行二十一字白口四週單邊單黑魚尾版心上鐫「倭袍傳」　書名依　S二六六一

封面　一名『倭袍傳』

娛萱草彈詞三十二篇　題橘道人撰　清光緒二十(一八九四)年活字印本　八冊一函　框高一五·五厘米　廣一一·七厘米　十一行二十一字白口左右雙邊單黑魚尾　封面牌記鐫『光緒甲午仲夏鱗盦題籤』　P三七五〇一

娛萱草彈詞三十二篇　題橘道人撰　清光緒二十(一八九四)年活字印本　六冊一函　P三七五三九

新出二度梅十二卷　(清)口口撰　清光緒三十二(一九〇六)年唐山鎮聚興魁活字印本　六冊一函　框高二一·六厘米　廣一三·八厘米　八行十五字白口四週單邊或雙邊版心上鐫『二度梅』　封面鐫『新刻二度梅　光緒丙午年　唐山鎮聚興魁梓行』　P三七五八九

錢孝子寶卷一卷　(清)毛藏元編　一九二四年活字印本　一冊一函　框高二二·六厘米　廣一五·七厘米　十行二十一字白口四週單邊黑魚尾版心上鐫『孝心寶卷』　民國十三年楊文鼎跋　鈐『周氏叔弢』朱文方印　周叔弢捐贈　S二六六四

昇蓮寶卷　不著撰人　清光緒活字印本　一冊一函　框高二二·五厘米　廣一四·四厘米　九行二十字白口四週單邊單黑魚尾版心上鐫『昇蓮卷』　卷末題『光緒二十七年歲次辛丑桃月中澣法门弟子薛更生抄錄』　書名依書皮題　S二七一二

龐公寶卷一卷　不著撰人　一九三六年雲林閣刊刷處活字印本　一冊一函　框高一七·八厘米　廣一一·八厘米　九行二十二字白口四週雙邊單黑魚尾版心下鐫『雲林閣刊刷處印』　封面鐫『民國二　S二六六二

十五年仲春月重鐫　羅浮山朝元洞藏板　福建政和雲林閣印」書名依封面　鈐『周氏叔弢』朱文方印　周叔弢捐贈

苦志修身平仙寶卷一卷　不著撰人　一九四六年東陽鳳凰山活字印本　一册一函　框高二一·八厘米　廣一四厘米　八行十九字白口四週雙邊單黑魚尾版心上鐫『平仙寶卷』下鐫『鳳凰山』封面鐫『平仙寶卷　民國三十五年正月　鳳凰山衆弟子抄錄翻印』　鈐『周氏叔弢』朱文方印　周叔弢捐贈

S二六六五

叢部

彙編類

武英殿聚珍版叢書一百三十八種　(清)紀昀等編　清乾隆間武英殿聚珍版印本　七百十一册十六箱　框高一九·二厘米　廣一二·七厘米　九行二十一字(刻本十行二十一字)小字雙行字同白口四週雙邊單黑魚尾版心下鐫校勘官姓名

Z四

經部

周易口訣義六卷　(唐)史徵撰

易說六卷　(宋)司馬光撰
吳園周易解九卷附錄一卷　(宋)張根撰
易原八卷　(宋)程大昌撰
郭氏傳家易說十一卷總論一卷　(宋)郭雍撰
誠齋易傳二十卷　(宋)楊萬里撰
易象意言一卷　(宋)蔡淵撰
易學濫觴一卷　(宋)黃澤撰
易緯十二卷　(漢)鄭玄注　(清刻本)
尚書詳解二十六卷首一卷　(宋)夏僎撰
禹貢指南四卷　(宋)毛晃撰
禹貢說斷四卷　(宋)傅寅撰
尚書詳解五十卷　(宋)陳經撰
融堂書解二十卷　(宋)錢時撰
詩總聞二十卷　(宋)王質撰
續呂氏家塾讀詩記三卷　(宋)戴溪撰
絜齋毛詩經筵講義四卷　(宋)袁燮撰
儀禮識誤三卷　(宋)張淳撰
儀禮集釋三十卷　(宋)李如圭撰
儀禮釋宮一卷　(宋)李如圭撰
大戴禮記十三卷　(漢)戴德撰
春秋釋例十五卷　(晉)杜預撰
春秋傳說例一卷　(宋)劉敞撰
春秋經解十五卷　(宋)孫覺撰
春秋辨疑四卷　(宋)蕭楚撰
春秋攷十六卷　(宋)葉夢得撰
春秋集注四十卷　(宋)高閌撰
春秋繁露十七卷　(漢)董仲舒撰
鄭志三卷　(漢)鄭玄撰　(魏)鄭小同編
論語意原四卷　(宋)鄭汝諧撰

欽定詩經樂譜全書三十卷樂律正俗一卷　清乾隆五十三年敕撰
輶軒使者絕代語釋別國方言十三卷　(漢)揚雄撰　(晉)郭璞注

史部

兩漢刊誤補遺十卷　(宋)吳仁傑撰
三國志辨誤三卷
五代史纂誤三卷　(宋)吳縝撰
東觀漢記二十四卷　(漢)劉珍等撰
御選明臣奏議四十卷　清乾隆四十六年敕輯
魏鄭公諫續錄二卷　(元)翟思忠輯　(刻本)
元朝名臣事略十五卷　(元)蘇天爵撰
鄴中記一卷　(晉)陸翽撰
蠻書十卷　(唐)樊綽撰
琉球國志略十六卷首一卷　(清)周煌撰
元和郡縣志四十卷　(唐)李吉甫撰
元豐九域志十卷　(宋)王存等撰
輿地廣記三十八卷　(宋)歐陽忞撰
水經注四十卷附御製文一卷　(後魏)酈道元撰　御製文　清高宗撰
嶺表錄異三卷　(唐)劉恂撰
麟臺故事五卷　(宋)程俱撰
唐會要一百卷　(宋)王溥撰
五代會要三十卷　(宋)王溥撰
宋朝事實二十卷　(宋)李攸撰
建炎以來朝野雜記甲集二十卷乙集二十卷　(宋)李心傳撰
西漢會要七十卷　(宋)徐天麟撰
東漢會要四十卷　(宋)徐天麟撰
漢官舊儀二卷補遺一卷　(漢)衛宏撰　(刻本)
欽定武英殿聚珍版程式一卷　(清)金簡撰
直齋書錄解題二十二卷　(宋)陳振孫撰
絳帖平六卷總錄一卷　(宋)姜夔撰

天津圖書館活字本書目

欽定重刻淳化閣帖十卷　清乾隆三十四年敕輯

唐書直筆四卷　(宋)呂夏卿撰

子部

傅子一卷　(晉)傅玄撰

帝範四卷　唐太宗撰　(刻本)

公是弟子記四卷　(宋)劉敞撰

明本釋三卷　(宋)劉荀撰

項氏家說十卷附錄二卷　(宋)項安世撰

農桑輯要七卷　(元)司農司撰

農書二十二卷　(元)王禎撰

蘇沈良方八卷　(宋)蘇軾(宋)沈括撰

小兒藥證眞訣三卷　(宋)錢乙撰

周髀算經二卷附音義一卷　(漢)趙爽注　(北周)甄鸞重述　(唐)李淳風釋　音義　(唐)李籍撰

九章算術九卷附音義一卷　(晉)劉徽注　(唐)李淳風等注釋　音義　(唐)李籍撰

孫子算經三卷　(唐　李淳風等注

海島算經一卷　(晉)劉徽撰　(唐)李淳風等注釋

五曹算經五卷　(唐)李淳風等注

夏侯陽算經三卷　(口)夏侯陽撰

五經算術二卷　(北周)甄鸞撰　(唐)李淳風等注

寶真齋法書贊二十八卷　(宋)岳珂撰

墨法集要一卷　(明)沈繼孫撰

鶡冠子三卷　(宋)陸佃解

猗覺寮雜記二卷　(宋)朱翌撰

能改齋漫錄十八卷　(宋)吳曾撰

雲谷雜記四卷首一卷末一卷　(宋)張淏撰

學林十卷　(宋)王觀國撰

甕牖閒評八卷　(宋)袁文撰

攷古質疑六卷　(宋)葉大慶撰

朝野類要五卷　(宋)趙昇撰

欽定四庫全書攷證一百卷　清乾隆四十一年敕撰
澗泉日記三卷　(宋)韓淲撰
敬齋古今黈八卷　(元)李治撰
意林五卷　(唐)馬總輯
涑水記聞十六卷　(宋)司馬光撰
唐語林八卷　(宋)王讜撰
歸潛志十四卷　(金)劉祁撰
老子道德經二卷　(魏)王弼注
文子纘義十二卷　(宋)杜道堅撰

集部

張燕公集二十五卷　(唐)張說撰
文忠集十六卷　(唐)顔真卿撰
南陽集六卷　(宋)趙湘撰
元憲集三十六卷　(宋)宋庠撰
景文集六十二卷　(宋)宋祁撰
文恭集四十卷　(宋)胡宿撰
祠部集三十五卷　(宋)强至撰
華陽集四十卷　(宋)王珪撰
公是集五十四卷　(宋)劉敞撰
彭城集四十卷　(宋)劉攽撰
净德集三十八卷　(宋)吕陶撰
忠肅集二十卷　(宋)劉摯撰
山谷内集詩注二十卷外集詩注十七卷別集詩注二卷　(宋)黄庭堅撰　内集　(宋)任淵注　外集　(宋)史容注
別集　(宋)史季溫注
后山詩十二卷　(宋)陳師道撰　(宋)任淵注
柯山集五十卷　(宋)張耒撰
陶山集十六卷　(宋)陸佃撰

學易集八卷　（宋）劉跂撰
西臺集二十卷　（宋）畢仲游撰
浮沚集九卷　（宋）周行己撰
毘陵集十六卷　（宋）張守撰
浮溪集三十二卷　（宋）汪藻撰
簡齋集十六卷　（宋）陳與義撰
茶山集八卷　（宋）曾幾撰
文定集二十四卷　（宋）汪應辰撰
雪山集十六卷　（宋）王質撰
攻媿集一百十二卷　（宋）樓鑰撰
乾道稿二卷淳熙稿二十卷章泉稿五卷　（宋）趙蕃撰
止堂集十八卷　（宋）彭龜年撰
絜齋集二十四卷　（宋）袁燮撰
南澗甲乙稿二十二卷　（宋）韓元吉撰
蒙齋集二十卷　（宋）袁甫撰
恥堂存稿八卷　（宋）高斯得撰
拙軒集六卷　（金）王寂撰
金淵集六卷　（元）仇遠撰
牧庵集三十六卷　（元）姚燧撰
附：
　牧庵年譜一卷　（元）劉致撰
御製詩文十全集五十四卷　清高宗
文苑英華辨證十卷　（宋）彭叔夏撰
悅心集五卷　清世宗輯
萬壽衢歌樂章六卷　（清）彭元瑞撰
詩倫二卷　（清）汪薇輯
歲寒堂詩話二卷　（宋）張戒撰
䂬溪詩話十卷　（宋）黃徹撰
浩然齋雅談三卷　（宋）周密撰

S五〇一七

武英殿聚珍版叢書一百三十八種

(清)紀昀等編　清乾隆間武英殿聚珍版印本　一百冊
十函　鈐「建德周氏藏書」白文方印

存三十五種

經部
禹貢說斷四卷　(宋)傅寅撰
儀禮識誤三卷　(宋)張淳撰
儀禮釋宮一卷　(宋)李如圭撰
大戴禮記十三卷　(漢)戴德撰
史部
兩漢刊誤補遺十卷　(宋)吳仁傑撰
鄴中記一卷　(晉)陸翽撰
水經注四十卷附御製文一卷　(後魏)酈道元撰　御製文　清高宗撰
嶺表錄異三卷　(唐)劉恂撰
漢官舊儀二卷補遺一卷　(漢)衛宏撰　(刻本)
欽定武英殿聚珍版程式一卷　(清)金簡撰
直齋書錄解題二十二卷　(宋)陳振孫撰
子部
傅子一卷　(晉)傅玄撰
帝範四卷　唐太宗撰　(刻本)
明本釋三卷　(宋)劉荀撰
農桑輯要七卷　(元)司農司撰
海島算經一卷　(晉)劉徽撰　(唐)李淳風等注釋
夏侯陽算經三卷　(口)夏侯陽撰
鶡冠子三卷　(宋)陸佃解
雲谷雜記四卷首一卷末一卷　(宋)張淏撰

甕牖閒評八卷 （宋）袁文撰
攷古質疑六卷 （宋）葉大慶撰
朝野類要五卷 （宋）趙昇撰
澗泉日記三卷 （宋）韓淲撰
敬齋古今黈八卷 （元）李治撰
老子道德經二卷 （魏）王弼注

集部

張燕公集二十五卷 （唐）張說撰
祠部集三十五卷 （宋）强至撰
淳熙稿二十卷 （宋）趙蕃撰
張泉稿五卷 （宋）趙蕃撰
柯山集五十卷 （宋）張耒撰
學易集八卷 （宋）劉跂撰
簡齋集十六卷 （宋）陳與義撰
茶山集八卷 （宋）曾幾撰
金淵集六卷 （元）仇遠撰
浩然齋雅談三卷 （宋）周密撰

真意堂叢書三種十三卷

（清）吳志忠輯 清嘉慶十六（一八一一）年璜川吳氏活字印本 趍齋題識 三冊一函 框高二二·一厘米 廣一三·六厘米 九行二十一字白口左右雙邊單黑魚尾 封面鐫「嘉慶辛未 璜川吳氏校印」 鈐「周氏叔弢」朱文方印 「孝經一卷人家」朱文長方印 「寒在堂」白文方印

河朔訪古記三卷 （元）納新撰
洛陽伽藍記五卷 （後魏）楊衒之撰
兼明書五卷 （唐）邱光庭撰

琳琅祕室叢書三十種　S二六七八

(清)胡珽輯　清咸豐三(一八五三)年胡氏活字印本　二十四册四函　框高一九・六厘米　廣一三・五厘米　九行二十一字黑口四週單邊單黑魚尾　有圖　封面牌記鐫「咸豐癸丑八月刊行」　清咸豐四年宋翔鳳序　鈐「費莫氏珍藏」朱文方印　「顧廬學人」朱文方印　「費莫氏文良藏書之印」朱文方印　「六有書室」朱文方印

第一集

孔氏祖庭廣記十二卷附校譌一卷　(金)孔元措撰　校譌　(清)胡珽撰

東家雜記二卷首一卷附校譌一卷　(宋)孔傳撰　校譌　(清)胡珽撰

質孔說二卷附校譌一卷續校一卷附周安士先生傳　(清)周夢顏撰　校譌　(清)胡珽撰

論語竢質三卷附校譌一卷　(清)江聲撰　校譌　(清)胡珽撰

六書說一卷附校譌一卷　(清)江聲撰　校譌　(清)胡珽撰

考工記二卷附校譌一卷　(唐)杜牧注　校譌　(清)胡珽撰

第二集

吳郡圖經續記三卷附校勘記一卷　(宋)朱長文撰　校勘記　(清)胡珽撰

茅亭客話十卷附校勘記一卷　(宋)黃休復撰　校勘記　(清)胡珽撰

續幽怪錄四卷拾遺二卷附校勘記一卷　(唐)李復信撰　(清)胡珽輯拾遺並撰校勘記

劉江東家藏善本葬書一卷附校譌一卷　(晉)郭璞撰　(元)吳澄刪　(元)鄭謐注　校譌　(清)胡珽撰

傷寒九十論一卷附校譌一卷　(宋)許叔微撰　校譌　(清)胡珽撰

列仙傳二卷附校譌一卷　(漢)劉向撰　校譌　(清)胡珽撰

疑仙傳三卷附校譌一卷　(宋)隱夫玉簡撰　校譌　(清)胡珽撰

第三集

三校平心論二卷附校譌一卷　(元)劉謐撰　校譌　(清)胡珽撰

西齋淨土詩三卷附錄一卷附校譌一卷　(元)釋梵琦撰　校譌　(清)胡珽撰

蠻書十卷附校譌一卷　(唐)樊綽撰　校譌　(清)胡珽撰

南海百詠一卷附校譌一卷　(宋)方信孺撰　校譌　(清)胡珽撰

幽明錄一卷附校譌一卷　(劉宋)劉義慶撰　校譌　(清)胡珽撰
雞肋編三卷附校勘記一卷　(宋)莊綽撰　校勘記　(清)胡珽撰
第四集
九賢秘典一卷附校譌一卷　校譌　(清)胡珽撰
角力記一卷附校譌一卷　(宋)調露子撰　校譌　(清)胡珽撰
密齋筆記五卷續筆記一卷附校譌一卷　(宋)謝采伯撰　校譌　(清)胡珽撰
鶡林子五卷附校譌一卷　(明)趙釴撰　校譌　(清)胡珽撰
綠珠傳一卷附校勘記一卷　(宋)樂史撰　校勘記　(清)胡珽撰
李師師外傳一卷附錄一卷附校譌一卷(宋)口口撰　校譌　(清)胡珽撰
梅花字字香前集一卷後集一卷附校譌一卷　(元)郭豫亨撰　校譌　(清)胡珽撰
霜猨集一卷附校譌一卷　(明)周同谷撰　校譌　(清)胡珽撰
丁鶴年集四卷附錄一卷附校譌一卷　(元)丁鶴年撰　校譌　(清)胡珽撰
艇齋詩話一卷附校譌一卷　(宋)曾季貍撰　校譌　(清)胡珽撰
蓮堂詩話二卷附校譌一卷　(元)祝誠撰　校譌　(清)胡珽撰

琳琅祕室叢書

(清)胡珽輯　清光緒十四(一八八八)年會稽董氏取斯堂活字印本　二十四冊二夾　框高一九・一厘米　廣一三・一厘米　九行二十一字黑口四週單邊單黑魚尾　封面牌記鐫「光緒戊子春會稽董氏取斯堂重刊」

P三七五〇四

第一集
孔氏祖庭廣記十二卷附校譌一卷　(金)孔元措撰　校譌　(清)胡珽撰
東家雜記二卷首一卷附校譌一卷　(宋)孔傳撰　校譌　(清)胡珽撰
質孔說二卷附校譌一卷續校一卷附周安士先生傳　(清)周夢顔撰　校譌　(清)胡珽撰
論語竢質三卷附校譌一卷　(清)江聲撰　校譌　(清)胡珽撰
六書說一卷附校譌一卷　(清)江聲撰　校譌　(清)胡珽撰
考工記二卷附校譌一卷　(唐)杜牧注　校譌　(清)胡珽撰
第二集

吳郡圖經續記三卷附校勘記一卷　(宋)朱長文撰　校勘記　(清)胡珽撰
茅亭客話十卷附校勘記一卷　(宋)黃休復撰　校勘記　(清)胡珽撰
續幽怪錄四卷拾遺二卷附校勘記一卷　(唐)李復信撰　(清)胡珽輯拾遺並撰校勘記
劉江東家藏善本葬書一卷附校譌一卷　(晉)郭璞撰　(元)吳澄刪　(元)鄭謐注　校譌　(清)胡珽撰
傷寒九十論一卷附校譌一卷　(宋)許叔微撰　校譌　(清)胡珽撰
列仙傳二卷附校譌一卷　(漢)劉向撰　校譌　(清)胡珽撰
疑仙傳三卷附校譌一卷　(宋)隱夫玉簡撰　校譌　(清)胡珽撰

第三集

三校平心論二卷附校譌一卷　(元)劉謐撰　校譌　(清)胡珽撰
西齋淨土詩三卷附錄一卷附校譌一卷　(元)釋梵琦撰　校譌　(清)胡珽撰
蠻書十卷附校譌一卷　(唐)樊綽撰　校譌　(清)胡珽撰
南海百詠一卷附校譌一卷　(宋)方信孺撰　校譌　(清)胡珽撰
幽明錄一卷附校譌一卷　(劉宋)劉義慶撰　校譌　(清)胡珽撰
雞肋編三卷附校勘記一卷　(宋)莊綽撰　校勘記　(清)胡珽撰

第四集

九賢秘典一卷附校譌一卷　校譌　(清)胡珽撰
角力記一卷附校譌一卷　(宋)調露子撰　校譌　(清)胡珽撰
密齋筆記五卷續筆記一卷附校譌一卷　(宋)謝采伯撰　校譌　(清)胡珽撰
鶡林子五卷附校譌一卷　(明)趙釴撰　校譌　(清)胡珽撰
綠珠傳一卷附校勘記一卷　(宋)樂史撰　校勘記　(清)胡珽撰
李師師外傳一卷附錄一卷附校譌一卷　(宋)□□撰　校譌　(清)胡珽撰
梅花字字香前集一卷後集一卷附校譌一卷　(元)郭豫亨撰　校譌　(清)胡珽撰
霜猨集一卷附校譌一卷　(明)周同谷撰　校譌　(清)胡珽撰
丁鶴年集四卷附錄一卷附校譌一卷　(元)丁鶴年撰　校譌　(清)胡珽撰
艇齋詩話一卷附校譌一卷　(宋)曾季貍撰　校譌　(清)胡珽撰
蓮堂詩話二卷附校譌一卷　(元)祝誠撰　校譌　(清)胡珽撰

遜敏堂叢書

S二六七九

(清)黃秩模輯　清道光咸豐間宜黄黃氏活字印本(間有刻本)　五册一函　框高二二·三厘米　廣一四·一厘米　十行二十六字白口四週雙邊單黑魚尾　封面鐫「道光戊申孟夏月　世愚弟星沅題簡」　學道粹言卷末鐫「咸豐元年辛亥夏六月上澣用聚珍版排印於僊人石下蕉陰小梘」　鈐「安越堂藏本」朱文方印　「周氏叔弢」朱文方印　周叔弢捐贈

存三十八種三十八卷

周易舉正一卷　(唐)郭京撰
孝经集靈一卷　(明)虞淳熙撰
策學例言一卷　(清)侯鳳苞撰
章水經流考一卷　(清)李崇禮撰
詩經協韻考異一卷　(宋)輔廣撰
二南密旨一卷　(唐)賈島撰
讀左漫筆一卷　(明)陳懿典撰
三禮考一卷　(宋)真德秀撰
三禮要旨一卷　(清)陳廷敬撰
檀弓訂誤一卷　(清)毛奇齡撰
孟子弟子考一卷　(清)朱彝尊撰
婦學三則一卷　(清)章學誠撰
蒙養詩教一卷　(清)胡𤣩撰
訂正史記真本一卷　(清)洪遵撰
松溪子一卷　(清)王晫撰
論文偶記一卷　(清)劉大櫆撰
作賦例言一卷　(清)汪廷珍撰
陣法直指一卷　(明)鄧子龍著
學道粹言一卷　(清)黃秩模輯
聰訓齋語一卷　(清)張英撰
家人子語一卷　(清)毛先舒撰

戒賭文一卷　(清)尤侗撰
集慶路江東書院講義一卷　(元)程端禮撰
姓氏考略一卷　(清)陳廷煒撰
浮梁陶政志一卷　(清)吴允嘉撰
增訂心相百二十善一卷　(清)沈捷撰
河源記一卷　(元)潘昂霄撰
試律須知一卷　(清)翁昱撰
司牧寶鑑一卷　(清)李顒撰
屈安人遺詩一卷　(明)屈安人撰
夙興語一卷　(清)甘京撰
折獄卮言一卷　(清)陳士鑛撰
政經一卷　(宋)真德秀輯
致身錄一卷　(明)史仲彬撰
家誡要言一卷　(明)吴麟徵撰
古奇器錄附江東藏書目錄小序一卷　(明)陸深撰
廣陵儲王趙宋景蔣會桑朱宗列傳一卷　(明)歐大任撰
莅戎要略一卷　(明)戚繼光撰

佚存叢書一百二十卷

(日本)林衡輯　清光緒八(一八八二)年滬上黄氏活字印本　三十六册六函　P三七五〇五

框高一九·五厘米　廣一四·一厘米　十行二十字黑口四週單邊單黑魚尾　封面牌記鐫『光緒壬午孟夏校印』　清光緒八年尤炳奎序　鈐『蟫香館藏書印』朱文方印

第一帙

古文孝經一卷　(漢)孔安國傳
五行大義五卷　(隋)蕭吉撰
臣軌二卷　唐武後撰　(唐)□□注
樂書要錄十卷(原存三卷　五至七)　唐武後撰

兩京新記五卷(原存一卷　三)　(唐)韋述撰
李嶠雜詠二卷　(唐)李嶠撰
第二帙
文館詞林一千卷(原存四卷　六百六十二　六百六十四　六百六十八　六百九十五)　(唐)許敬宗等撰
文公朱先生感興詩一卷　(宋)朱熹撰　(宋)蔡模注
武夷櫂歌一卷　(宋)朱熹撰　(宋)陳普注
秦軒易傳六卷　(宋)李中正撰
左氏蒙求一卷　(元)吳化龍撰
第三帙
唐才子傳十卷　(元)辛文房撰
王翰林集註黄帝八十一難經(一名難經集注)五卷　(明)王九思等撰
第四帙
蒙求三卷　(後晉)李瀚撰
崔舍人玉堂類稿二十卷西垣類稿二卷附一卷　(宋)崔敦詩撰
第五帙
周易新講義十卷　(宋)龔原撰
第六帙
宋景文公集一百五十卷(原存卷十六至二十　二十六至三十二　八十一至八十五　九十六至九十九　一百一至一百二　一百七　一百十八至一百二十五)　(宋)宋祁撰

文學山房叢書　S二六七七

江杏溪輯　一九二四年蘇州文學山房活字印本　二十七冊九函　框高一九·二厘米　廣一三·八厘米　行款字數不等白口四週雙邊單黑魚尾版心下鐫『文學山房聚珍板印』　封面牌記鐫『蘇州護龍街中文學山房印行』　鈐『龔維疆印』白文方印　一名江氏聚珍版叢書

古今僞書考一卷　(清)姚際恒撰
思適齋集十八卷　(清)顧廣圻撰
藝芸書舍宋元本書目二卷　(清)汪士鍾撰

墨緣小錄一卷　(清)潘曾瑩撰
持靜齋藏書紀要二卷　(清)莫友芝撰
小鷗波館畫識三卷畫寄一卷　(清)潘曾瑩撰
程氏攷古編十卷　(宋)程大昌撰
雕菰集二十四卷　(清)焦循撰
附：
蜜梅花館文錄一卷詩錄一卷　(清)焦廷琥撰
羣經義證八卷　(清)武億撰
西圃題畫詩一卷　(清)潘遵祁撰

自著類

冷紅館全集八卷　(清)秦臻撰　秦寶瓚輯　一九二〇年秦寶瓚游藝齋活字印本　三冊一函　框高一八厘米　廣一二·五厘米　九行二十字下黑口四週單邊單黑魚尾版心上鐫子目書名　S二六八三

冷紅館全集八卷　(清)秦臻撰　秦寶瓚輯　一九二〇年秦寶瓚游藝齋活字印本　三冊一函　S二六八六
冷紅館賸稿四卷
冷紅館詩補鈔二卷
修修利齋偶存一卷
冷紅詞一卷

犢山類藁十三卷

(清)周鎬撰　清光緒十(一八八四)年榮汝楫活字印本　八冊一函　框高一七·二厘米　廣一三·一厘米　九行二十二字白口左右雙邊單黑魚尾　封面鐫『光緒十年歲次甲申閏月重刊』　書名依封面　鈐『周氏叔弢』朱文方印　周叔弢捐贈

S二六八九

犢山文稿六卷
課易存商一卷
讀書雜記一卷
隨筆雜記一卷
犢山詩稿四卷

名山全集

錢振鍠撰　民國間活字印本　二十三冊三函　框高一九·五厘米　廣一四·四厘米　九行十九或二十字不等下黑口四週單邊單黑魚尾　鈐『周氏叔弢』朱文方印　周叔弢捐贈

S二六八二

名山三集二十卷
名山錄一卷
名山四集九卷
名山五集十卷　存二卷　九至十
名山語類七卷
名山詩話一卷
名山六集十一卷
名山六集補文三卷詩一卷詩話一卷小言一卷
名山七集文四卷詩一卷
名山詞續一卷詩話一卷小言一卷
名山錄一卷
課徒續草一卷
謫星詞一卷
名山詞一卷

名山詩話一卷
文省一卷
肯哉文鈔一卷　(清)吳堂撰
晚郇集偶證一卷
棲香閣藏稿一卷　(清)李藻撰
課徒草四刻一卷
雲在軒詩集三卷　(清)錢希撰
雲在軒詩集附錄一卷　錢振鍠撰
雲在軒筆談一卷　(清)錢希撰
求拙齋遺詩一卷　(清)蔣南棠撰
謫星文初編一卷二編二卷三編二卷
名山文改□卷　存一卷　一
謫星說詩一卷
謫星筆談三卷
謫星詞一卷
江陰節義略一卷　(明)張佳圖撰
名山文約十五卷
錢氏家語一卷
良心書一卷
課徒草三刻二卷
海上羞客詩四編一卷
海上詞四編一卷
名山九集續一卷
羞語三一卷
詩話一卷
聯語一卷
名山六集重刊一卷
梅泉詩選一卷　(朝鮮)黃玹撰
衛衷臢稿一卷　(清)芮長恤撰

名山全集　錢振鍠撰　民國間活字印本　十一冊二函　鈐『周氏叔弢』朱文方印　周叔弢捐贈

S一九八七

附錄

經部

周易新講義十卷 （宋）龔原撰　二〇〇三年上海古籍出版社影印日本文化五年活字印佚存叢書本　框高二一·六厘米　廣一四·五厘米　十行二十字細黑口四週單邊單黑魚尾　續一－六一五

泰軒易傳六卷 （宋）李中正撰　二〇〇三年上海古籍出版社影印日本寬政十二年活字印佚存叢書本　框高二二·六厘米　廣一四·五厘米　十行二十字白口四週單邊單黑魚尾　書名依版心　續二－五三

易經如話十二卷首一卷 （清）汪紱撰　二〇〇三年上海古籍出版社影印清同治十二年活字印本　九行二十五字小字雙行字同白口四週單邊單黑魚尾版心上鐫『重訂汪子遺書』下鐫『曲水書局』　框高二三·五厘米　廣一五·五厘米　上圖下文　續二一－三

成均課講周易十二卷 （清）崔紀撰　一九九七年齊魯書社影印清乾隆活字印本　九行十九字白口四週雙邊單黑魚尾　存經三七－一

周易姚氏學十六卷　（清）姚配中撰　二〇〇三年上海古籍出版社影印清道光二十五年汪守成等活字印一經廬叢書本　框高一八・一厘米　廣一三・七厘米　九行二十一字小字雙行字同細黑口左右雙邊版心下鐫「經廬」　續三〇－四六四

周易通論月令二卷　（清）姚配中撰　二〇〇三年上海古籍出版社影印清道光二十五年汪守成等活字印一經廬叢書本　框高一八・七厘米　廣一三・四厘米　九行二十一字小字雙行字同白口四週雙邊版心下鐫「一經廬藏版」　續三〇－六八七

周易遵述不分卷附周易賸義一卷　（清）蔣本撰　二〇〇〇年北京出版社影印清道光十年王氏信芳閣活字印本　八行二十字白口左右雙邊單黑魚尾　未四－二－四九三

禹貢古今注通釋六卷　（清）侯楨撰　二〇〇〇年北京出版社影印清光緒六年侯復曾古杼秋館活字印本　九行二十二字白口四週單邊單黑魚尾版心下鐫「古杼秋館」　未四－三－四六七

尚書古注便讀四卷　（清）朱駿聲撰　二〇〇〇年北京出版社影印民國二十四年華西國學叢書活字印本　十一行二十四字小字雙行字同下黑口四週雙邊單黑魚尾版心下鐫「華西大學國學叢書之一」　未六－二－一

詩誦五卷　（清）陳僅撰　二〇〇三年上海古籍出版社影印清光緒十一年四明文則樓活字印本　框高二二厘米　廣一六・五厘米　九行十九字白口四週雙邊單黑魚尾　續七〇－五四一

詩音十五卷 （清）高澍然撰　二〇〇〇年北京出版社影印清嘉慶十七年活字印本　九行二十四字白口四週雙邊單黑魚尾　未四－四－五三七

學詩毛鄭異同籤二十三卷 （清）張汝霖撰　二〇〇三年上海古籍出版社影印清道光活字印本　框高一九·六厘米　廣一二·六厘米　八行二十字下黑口四週雙邊單黑魚尾　續七一－四

詩說考略十二卷 （清）成僎撰　二〇〇三年上海古籍出版社影印清道光十年王氏信芳閣活字印本　框高二〇厘米　廣一三·七厘米　八行二十字白口左右雙邊單黑魚尾版心下鐫「信芳閣藏」　續七一－四五九

詩管見七卷首一卷 （清）尹繼美撰　二〇〇三年上海古籍出版社影印清咸豐十一年尹繼美鼎吉堂活字印本　框高二〇·一厘米　廣一三·五厘米　十行二十四字白口四週單邊單黑魚尾　封面鐫「咸豐辛酉夏鼎吉堂排本」　續七四－六

周禮札記一卷 （清）潘任撰　二〇〇三年上海古籍出版社影印清光緒二十年活字印希鄭堂叢書本　框高一六·五厘米　一二·九厘米　十行二十四字上黑口左右雙邊單黑魚尾版心下鐫「虞山潘氏叢書」　續八一－六九一

內則章句一卷 （清）顧陳垿撰　二〇〇三年上海古籍出版社影印清味菜廬活字印本　框高一九·四厘米　廣一三·三厘米　九行十七字黑口四週雙邊單黑魚尾　封面牌記鐫「味菜廬集印本」　續一〇七－七四

春秋國華十七卷　（明）嚴訥撰　一九九七年齊魯書社影印明萬曆三年活字印本　九行二十字白口四週單邊單白魚尾　存經一一九－一二三〇

春秋簡融四卷　（清）胡序撰　二〇〇〇年北京出版社影印清乾隆五十六年兩齋活字印本　十行二十一字白口左右雙邊單黑魚尾版心下鐫「兩齋」　未八－一－五五

論語後案二十卷　（清）黃式三撰　二〇〇三年上海古籍出版社影印清道光二十四年活字印本　框高二三・五厘米　廣一五・七厘米　九行二十四字小字雙行二十五字白口四週雙邊單黑魚尾版心下鐫「魯岐峯」　續一五五－四一六

晚照山居參定四書酌言八卷　（明）寇慎撰　一九九七年齊魯書社影印清道光二十三年濟峰活字印本　九行二十二字白口四週雙邊單黑魚尾版心上鐫「四書酌言」　存經一六四－一九九

群經質二卷　（清）陳僅撰　二〇〇〇年北京出版社影印清光緒十一年四明文則樓陳氏活字印本　九行十九字白口四週雙邊單黑魚尾　封面牌記鐫「光緒乙酉仲夏四明文則樓陳氏擺印本」　未三－一〇－四九五

經學質疑四卷　（清）朱霈撰　二〇〇〇年北京出版社影印清嘉慶六年望嶽樓活字印本　十行二十三字白口四週雙邊單黑魚尾版心下鐫「望嶽樓」　未四－九－三七七

方言據二卷續錄一卷 (明)岳元聲撰 二〇〇三年上海古籍出版社影印清道光十一年晁氏活字印學海類編本 框高二〇厘米 廣一二·五厘米 九行二十一字白口左右雙邊單白魚尾版心上鐫「學海類編」 續一九三－三九〇

說文古語考二卷 (清)程際盛撰 二〇〇三年上海古籍出版社影印清活字印稻香樓雜著本 框高一六·八毫米 廣一一·七厘米 十行二十四字白口四週單邊單黑魚尾 續二二二－一六八

史部

函史上編八十一卷下編二十二卷 (明)鄧元錫撰 一九九七年齊魯書社影印明活字印本 十行二十一字小字雙行字同白口四週單邊單黑魚尾 存史二五－一

三國郡縣表八卷 (清)吳增僅撰 二〇〇〇年北京出版社影印清光緒活字印本 十二行字數不等下黑口左右雙邊單黑魚尾 未六－五－一八三

資治通鑑補二百九十四卷 (明)嚴衍撰 二〇〇三年上海古籍出版社影印清光緒二年盛氏思補樓活字印本 框高一五·二厘米 廣一二·四厘米 十一行二十五字小字雙行字同下黑口左右雙邊單黑魚尾 續三三六－五三五

平定粵匪紀略十八卷附記四卷　(清)杜文瀾撰　二〇〇三年上海古籍出版社影印清同治八年群玉齋活字印本　框高二〇·九厘米　廣一三·八厘米　九行二十二字白口四週單邊單黑魚尾版心下鐫「群玉齋」　封面鐫「同治八年印　群玉齋」　續四一三-六

欽定平苗紀畧五十二卷首四卷　(清)鄂輝等撰　二〇〇〇年北京出版社影印清嘉慶武英殿活字印本　七行二十字小字雙行字同白口四週雙邊單黑魚尾　未四-一四-一

湖南褒忠錄初稾四卷　(清)不著撰者　二〇〇〇年北京出版社影印清同治間活字印本　十行二十四字白口左右雙邊單黑魚尾　未六-七-四八五

青溪寇軌一卷　(宋)方勺撰　二〇〇三年上海古籍出版社影印清道光十一年晁氏活字印學海類編本　框高一九·七厘米　廣一二·六厘米　九行二十一字白口左右雙邊單白魚尾版心上鐫「學海類編」　續四二三-二六九

世廟識餘錄二十六卷　(明)徐學謨撰　一九九七年齊魯書社影印明徐兆稷活字印本　十行二十一字白口四週單邊　存史四九-一九一

世廟識餘錄二十六卷　(明)徐學謨撰　二〇〇三年上海古籍出版社影印明徐兆稷活字印本　框高一八·五厘米　廣一三·五厘米　十行二十一字白口四週單邊　續四三三-四八六

東林始末一卷　(明)蔣平階撰　一九九七年齊魯書社影印涵芬樓影印清道光十一年六安晁氏活字學海類編本　九行二十一字白口左右雙邊單白魚尾版心上鐫「學海類編」　存史五五－六一八

所知録三卷　(清)錢澄之撰　全國圖書館縮微中心縮微清道光古槐山房活字印荆駝逸史本　九行十九字小字雙行字同白口四週單邊單黑魚尾　T四－五六

平寇志十二卷　(清)彭孫貽撰　一九九七年齊魯書社影印清康熙活字印本　十一行二十二字黑口左右雙邊單黑魚尾　存史五五－七五八

三朝野紀七卷　(清)李遜之撰　二〇〇三年上海古籍出版社影印清道光四年李兆洛活字印本　框高一九・三厘米　廣一三・七厘米　九行十九字白口四週單邊單黑魚尾　續四三八－三

明季北略二十四卷　(清)計六奇撰　二〇〇三年上海古籍出版社影印清都城琉璃廠半松居士活字印本　框高一六・七厘米　廣一二・七厘米　九行二十字白口左右雙邊單黑魚尾　續四四〇－一二

御選明臣奏議四十卷　(清)蔡新等輯　全國圖書館縮微中心縮微清乾隆武英殿聚珍版叢書本　九行二十一字白口四週雙邊單黑魚尾版心下鐫校勘官姓名　T四－三

五胡十六國考鏡一卷　（宋）石延年撰　一九九七年齊魯書社影印涵芬樓影印清道光十一年六安晁氏活字學海類編本　九行二十一字白口左右雙邊單白魚尾版心上鎸【學海類編】　存史一五九-一

明氏實録一卷　（明）楊學可撰　一九九七年齊魯書社影印涵芬樓影印清道光十一年六安晁氏活字學海類編本　九行二十一字白口左右雙邊單白魚尾版心上鎸【學海類編】　存史一五九-五

高麗史一百三十七卷目録二卷　（朝鮮）鄭麟趾撰　一九九七年齊魯書社影印明景泰二年朝鮮活字印本　九行字數不等白口四週單邊雙黑魚尾　存史一五九-一三

陳張事略一卷附方國珍本末略一卷　（明）吳國倫撰　一九九七年齊魯書社影印涵芬樓影印清道光十一年六安晁氏活字學海類編本　九行二十一字白口左右雙邊單白魚尾版心上鎸【學海類編】　存史一六二-六五五

朝鮮國紀一卷　（明）黃洪憲撰　一九九七年齊魯書社影印涵芬樓影印清道光十一年六安晁氏活字學海類編本　九行二十一字白口左右雙邊單白魚尾版心上鎸【學海類編】　存史一六三-三〇〇

元朝名臣事略十五卷　（元）蘇天爵輯　全國圖書館縮微中心縮微清乾隆武英殿聚珍版叢書本　九行二十一字白口四週雙邊單黑魚尾版心下鎸校勘官姓名　T四-三六

元祐黨籍碑考一卷慶元僞學黨籍一卷 (明)海瑞撰 一九九七年齊魯書社影印涵芬樓影印清道光十一年六安晁氏活字學海類編本 九行二十一字白口左右雙邊單白魚尾版心上鐫「學海類編」 存史九五—八九

元祐黨籍碑考一卷僞學逆黨籍一卷 (明)海瑞撰 二〇〇三年上海古籍出版社影印清道光十一年晁氏活字印學海類編本 框高二〇厘米 廣一二·四厘米 九行二十一字白口左右雙邊單白魚尾版心上鐫「學海類編」 續五一七—三六七

前明忠義別傳三十二卷 (清)汪有典撰 二〇〇〇年北京出版社影印清道光二十五年墨花齋活字印本 九行二十二字白口左右雙邊單黑魚尾 未一—一九—一

帝里明代人文略二十二卷附後一卷 (清)路鴻休撰 全國圖書館縮微中心縮微清道光三十(一八五〇)年甘煦津逮樓活字印本 九行十九字白口四週單邊 T四—四

晉陵先賢小傳二卷 (明)歐陽東鳳輯 一九九七年齊魯書社影印清活字印本 九行十八字白口四週單邊單黑魚尾版心上鐫「晉陵先賢傳」 存史一一一—五三九

成仁譜二十六卷 (清)盛敬撰 二〇〇〇年北京出版社影印清道光二十五年活字印本 十行二十二字白口左右雙邊單黑魚尾 未一—一八—一

顔魯公年譜一卷　(宋)留元剛撰　全國圖書館縮微中心縮微明嘉靖錫山安國安氏館銅活字印顔魯公文集本　十三行十六字白口左右雙邊　T四-四五

崇禎紀元後四甲子式司馬榜目一卷附錄一卷　全國圖書館縮微中心縮微朝鮮李熙三（一八六五）年銅活字印本　十行十八字小字雙行字同白口四週單邊　T四-一九

崇禎三癸卯增廣別試文武科殿試榜目一卷　全國圖書館縮微中心縮微朝鮮銅活字印本　十行十八字小字雙行字同白口四週單邊　T四-一八

御試備官日記一卷　(宋)趙抃撰　二〇〇三年上海古籍出版社影印清道光十一年晁氏活字印學海類編本　框高一九·六厘米　廣一一·六厘米　九行二十一字白口左右雙邊單白魚尾版心上鐫「學海類編」　續五五八-一二三三

使西域記一卷　(明)陳城撰　一九九七年齊魯書社影印涵芬樓影印清道光十一年六安晁氏活字學海類編本　九行二十一字白口左右雙邊單白魚尾版心上鐫「學海類編」　存史一二七-五八九

兩宮鼎建記三卷　(明)賀仲軾撰　一九九七年齊魯書社影印涵芬樓影印清道光十一年六安晁氏活字學海類編本　九行二十一字白口左右雙邊單白魚尾版心上鐫「學海類編」　存史一二八-一三二

龍灣志二卷 （朝鮮）金就奎纂修 全國圖書館縮微中心縮微明活字印本 十行二十字小字雙行字同白口四週雙邊 T四-三五

吳中水利通志十七卷 不著撰者 一九九七年齊魯書社影印明嘉靖三年錫山安國銅活字印本 八行十六字小字雙行字同白口左右雙邊單黑魚尾版心中鐫「水利通志」 存史二二一-三九〇

常熟水論一卷 （明）薛尚質撰 一九九七年齊魯書社影印涵芬樓影印清道光十一年六安晁氏活字學海類編本 九行二十一字白口左右雙邊單白魚尾版心上鐫「學海類編」 存史二二三-三八四

明江南治水記一卷 （清）陳士鑛撰 一九九七年齊魯書社影印涵芬樓影印清道光十一年六安晁氏活字學海類編本 九行二十一字白口左右雙邊單白魚尾版心上鐫「學海類編」 存史二二四-六〇七

婺源山水游記二卷 （明）周鴻撰 全國圖書館縮微中心縮微清乾隆五十五（一七九〇）年婺源紫陽書院活字印本 九行二十二字白口四週雙邊單魚尾 T四-一六

海防述略一卷 （清）杜臻撰 一九九七年齊魯書社影印涵芬樓影印清道光十一年六安晁氏活字學海類編本 九行二十一字白口左右雙邊單白魚尾版心上鐫「學海類編」 存史二二七-二五六

江防總論一卷海防總論一卷　(清)姜宸英撰　一九九七年齊魯書社影印涵芬樓影印清道光十一年六安晁氏活字學海類編本　九行二十一字白口左右雙邊單白魚尾版心上鐫「學海類編」　存史二二七-七〇三

秦録一卷　(明)沈思孝撰　一九九七年齊魯書社影印涵芬樓影印清道光十一年六安晁氏活字學海類編本　九行二十一字白口左右雙邊單白魚尾版心上鐫「學海類編」　存史二四七-七一一

晉録一卷　(明)沈思孝撰　一九九七年齊魯書社影印涵芬樓影印清道光十一年六安晁氏活字學海類編本　九行二十一字白口左右雙邊單白魚尾版心上鐫「學海類編」　存史二四七-七二〇

山左筆談一卷　(明)黄淳耀撰　一九九七年齊魯書社影印涵芬樓影印清道光十一年六安晁氏活字學海類編本　九行二十一字白口左右雙邊單白魚尾版心上鐫「學海類編」　存史二四八-四七一

楚書一卷　(明)陶晉英撰　一九九七年齊魯書社影印涵芬樓影印清道光十一年六安晁氏活字學海類編本　九行二十一字白口左右雙邊單白魚尾版心上鐫「學海類編」　存史二四八-四七七

臺灣隨筆一卷　(清)徐懷祖撰　一九九七年齊魯書社影印涵芬樓影印清道光十一年六安晁氏活字學海類編本　九行二十一字白口左右雙邊單白魚尾版心上鐫「學海類編」　存史二四九-五二七

歷代銓選志一卷 (清)袁定遠撰 一九九七年齊魯書社影印涵芬樓影印清道光十一年六安晁氏活字學海類編本 九行二十一字白口左右雙邊單白魚尾版心上鐫「學海類編」

存史二六〇-一九七

仕學全書三十五卷 (明)魯論撰 一九九七年齊魯書社影印清康熙活字印本 十行二十字白口四週雙邊單黑魚尾

存史二六二-一一

秦璽始末一卷 (明)沈德符撰 一九九七年齊魯書社影印涵芬樓影印清道光十一年六安晁氏活字學海類編本 九行二十一字白口左右雙邊單白魚尾版心上鐫「學海類編」

存史二七一-一

文廟從祀先賢先儒考一卷 (清)郎廷極撰 一九九七年齊魯書社影印涵芬樓影印清道光十一年六安晁氏活字學海類編本 九行二十一字白口左右雙邊單白魚尾版心上鐫「學海類編」

存史二七一-三四六

救荒事略一卷 (元)歐陽玄撰 一九九七年齊魯書社影印涵芬樓影印清道光十一年六安晁氏活字學海類編本 九行二十一字白口左右雙邊單白魚尾版心上鐫「學海類編」

存史二七三-三七一

國賦紀略一卷 (明)倪元璐撰 一九九七年齊魯書社影印涵芬樓影印清道光十一年六安晁氏活字學海類編本 九行二十一字白口左右雙邊單白魚尾版心上鐫「學海類編」

存史二七五-四四九

救荒事宜一卷　（明）張陛撰　一九九七年齊魯書社影印涵芬樓影印清道光十一年六安晁氏活字學海類編本　九行二十一字白口左右雙邊單白魚尾版心上鐫「學海類編」　存史二七五－七二五

歷代武舉考一卷　（清）譚吉璁撰　一九九七年齊魯書社影印涵芬樓影印清道光十一年六安晁氏活字學海類編本　九行二十一字白口左右雙邊單白魚尾版心上鐫「學海類編」　存史二七六－四六四

歷代武舉考一卷　（清）譚吉璁撰　二〇〇三年上海古籍出版社影印清道光十一年晁氏活字印學海類編本　框高一九·八厘米　廣一二·四厘米　九行二十一字白口左右雙邊單白魚尾版心上鐫「學海類編」　續八五九－一

歷代馬政志一卷　（清）蔡方炳撰　二〇〇三年上海古籍出版社影印清道光十一年晁氏活字印學海類編本　框高一九·八厘米　廣一二·四厘米　九行二十一字小字雙行字同白口左右雙邊單白魚尾版心上鐫「學海類編」　續八五九－五

浮梁陶政志一卷附景鎮舊事一卷　（清）吳允嘉撰　一九九七年齊魯書社影印涵芬樓影印清道光十一年六安晁氏活字學海類編本　九行二十一字白口左右雙邊單白魚尾版心上鐫「學海類編」　存史二七六－八〇〇

補後漢書藝文志一卷攷十卷　（清）曾樸撰　二〇〇〇年北京出版社影印清光緒二十一年錫山文苑閣活字印本　十一行二十四字白口四週雙邊單黑魚尾版心下鐫「常熟曾氏叢書」　未九－九－五七五

錢神志七卷 (清)李世熊撰 二〇〇〇年北京出版社影印清同治十年活字印本 九行二十三字白口四週雙邊單黑魚尾 未二—二八—三八七

蔗山筆麈一卷 (明)商輅撰 一九九七年齊魯書社影印涵芬樓影印清道光十一年六安晁氏活字學海類編本 九行二十一字白口左右雙邊單白魚尾版心上鐫「學海類編」 存史二八一—一九〇

兩漢解疑二卷 (明)唐順之撰 一九九七年齊魯書社影印涵芬樓影印清道光十一年六安晁氏活字學海類編本 九行二十一字白口左右雙邊單白魚尾版心上鐫「學海類編」 存史二八二—七八二

兩晉解疑一卷 (明)唐順之撰 一九九七年齊魯書社影印涵芬樓影印清道光十一年六安晁氏活字學海類編本 九行二十一字白口左右雙邊單白魚尾版心上鐫「學海類編」 存史二八二—八〇六

讀史漫筆一卷 (明)陳懿典撰 一九九七年齊魯書社影印涵芬樓影印清道光十一年六安晁氏活字學海類編本 九行二十一字白口左右雙邊單白魚尾版心上鐫「學海類編」 存史二八六—一六一

子部

傳習則言一卷　（明）王守仁撰　一九九七年齊魯書社影印清道光十一年六安晁氏活字學海類編本　九行二十一字白口左右雙邊單白魚尾版心上鐫「學海類編」　存子七－六八

廉矩一卷　（明）王文祿撰　一九九七年齊魯書社影印清道光十一年六安晁氏活字學海類編本　九行二十一字白口左右雙邊單白魚尾版心上鐫「學海類編」　存子一〇－四六八

二谷讀書記三卷　（明）侯一元撰　一九九七年齊魯書社影印清道光十一年六安晁氏活字學海類編本　九行二十一字白口左右雙邊單白魚尾版心上鐫「學海類編」　存子一一－一

證人社約言一卷　（明）劉宗周撰　一九九七年齊魯書社影印清道光十一年六安晁氏活字學海類編本　九行二十一字白口左右雙邊單白魚尾版心上鐫「學海類編」　存子一五－二九八

家誡要言一卷　（明）吳麟徵撰　一九九七年齊魯書社影印清道光十一年六安晁氏活字學海類編本　九行二十一字白口左右雙邊單白魚尾版心上鐫「學海類編」　存子一七－一

教習堂條約一卷　（清）徐乾學撰　一九九七年齊魯書社影印清道光十一年六安晁氏活字學海類編本　九行二十一字白口左右雙邊單白魚尾版心上鐫「學海類編」　存子二三－一一〇

理學疑問四卷 (清)童能靈撰 一九九七年齊魯書社影印清光緒二十三年連城童氏活字冠豸山堂全集本 十行二十二字白口四週雙邊單黑魚尾 存子二八－六三六

業儒臆說一卷 (清)陶圻撰 一九九七年齊魯書社影印清道光十一年六安晁氏活字學海類編本 九行二十一字白口左右雙邊單白魚尾版心上鐫「學海類編」 存子二九－六二一

蠹言四卷 (清)李詒經撰 二〇〇〇年北京出版社影印清嘉慶信芳閣活字印本 九行二十字白口四週單邊單黑魚尾版心下鐫「信芳閣藏」 未四－二一－二〇一

備倭記二卷 (明)卜大同撰 一九九七年齊魯書社影印清道光十一年六安晁氏活字學海類編本 九行二十一字白口左右雙邊單白魚尾版心上鐫「學海類編」 存子三一－七九

防守集成十六卷 (清)朱璐撰 二〇〇〇年北京出版社影印清咸豐三年皃山又一村活字印本 八行二十字白口四週雙邊單黑魚尾版心下鐫「又一村」 未七－一二一

折獄巵言一卷 (清)陳士鑛撰 一九九七年齊魯書社影印清道光十一年六安晁氏活字學海類編本 九行二十一字白口左右雙邊單白魚尾版心上鐫「學海類編」 存子三七－五〇八

續刑法敘略一卷　(清)譚瑄撰　一九九七年齊魯書社影印清道光十一年六安晁氏活字學海類編本　九行二十一字白口左右雙邊單白魚尾版心上鐫『學海類編』　存子三七-七七四

老圃良言一卷　(清)巢鳴盛撰　二〇〇三年上海古籍出版社影印清道光十一年晁氏活字印學海類編本　框高二〇厘米　廣一二·四厘米　九行二十一字白口左右雙邊單白魚尾版心上鐫『學海類編』　續九七六-六四三

撫郡農產攷畧二卷　(清)何剛德撰　二〇〇三年上海古籍出版社影印清光緒二十九年撫郡學堂活字印本　框高二〇厘米　廣一一·七厘米　十行三十二字白口左右雙邊單黑魚尾　續九七七-八〇三

傷寒九十論一卷(宋)許叔微撰　校譌一卷　(清)胡珽撰　二〇〇三年上海古籍出版社影印清咸豐三年活字印琳琅祕室叢書本　框高一九·六厘米　廣一三·四厘米　九行二十一字黑口四週單邊單黑魚尾　續九八四-六五九

金匱玉函經二注二十二卷　(元)趙良仁衍義　(清)周揚俊補注　二〇〇三年上海古籍出版社影印清白鹿山房活字印本　框高一九·一厘米　廣一四·二厘米　十行二十字白口四週單邊單黑魚尾版心上鐫『金匱二注』　續九八九-一九一

上池雜說一卷　(明)馮時可撰　一九九七年齊魯書社影印清道光十一年六安晁氏活字學海類編本　九行二十一字白口左右雙邊單白魚尾版心上鐫『學海類編』　存子四四-七〇三

外科精義二卷　(元)齊德之撰　全國圖書館縮微中心縮微日本慶長二(一五九七)年洛川甫庵道喜活字印本　十行十七字黑口四週雙邊　T四-六〇

本草述鈎元三十二卷　(清)楊時泰撰　二〇〇〇年北京出版社影印清同治十一年活字印本　九行二十二字白口左右雙邊單黑魚尾　未五-一二-一五三

醫悟十二卷　(清)馬冠羣撰　二〇〇〇年北京出版社影印清光緒十九年活字印本　十行二十六字上黑口左右雙邊單黑魚尾　未十-八-一〇五

星象考一卷　(宋)鄒淮撰　一九九七年齊魯書社影印清道光十一年六安晁氏活字學海類編本　九行二十一字白口左右雙邊單白魚尾版心上鐫【學海類編】　存子五五-一九

藝舟雙楫六卷附錄三卷　(清)包世臣撰　二〇〇三年上海古籍出版社影印清道光二十六年白門倦游閣活字印安吳四種本　框高一八·一厘米　廣一三·八厘米　十行二十一字白口左右雙邊單黑魚尾版心上鐫【安吳四種】下鐫【白門倦游閣】　續一〇八二-五九七

名帖紀聞一卷　(清)朱照廉撰　全國圖書館縮微中心縮微清嘉慶十七(一八一二)年朱氏小雲谷活字印本　十一行二十四字白口左右雙邊　T四-一五

弈史一卷　(明)王穉登撰　一九九七年齊魯書社影印清道光十一年六安晁氏活字學海類編本　九行二十一字白口左右雙邊單白魚尾版心上鐫「學海類編」　存子七六-二五四

浮梁陶政志一卷附景鎮舊事一卷　(清)吳允嘉撰　二〇〇三年上海古籍出版社影印清道光十一年六安晁氏活字印學海類編本　框高一五厘米　廣九·五厘米　九行二十一字白口左右雙邊單白魚尾版心上鐫「學海類編」　續一一一五-一三七

飲食須知八卷　(元)賈銘撰　一九九七年齊魯書社影印清道光十一年六安晁氏活字印學海類編本　九行二十一字白口左右雙邊單白魚尾版心上鐫「學海類編」　存子八〇-二八一

饌史一卷　不著撰者　一九九七年齊魯書社影印清道光十一年六安晁氏活字印學海類編本　九行二十一字白口左右雙邊單白魚尾版心上鐫「學海類編」　存子八〇-三三五

花裏活三卷補遺一卷　(明)陳詩教撰　一九九七年齊魯書社影印涵芬樓影印清道光十一年六安晁氏活字學海類編本　九行二十一字白口左右雙邊單白魚尾版心上鐫「學海類編」　存子八二-二四三

志雅堂雜鈔十卷　(宋)周密撰　一九九七年齊魯書社影印涵芬樓影印清道光十一年六安晁氏活字印學海類編本　九行二十一字白口左右雙邊單白魚尾版心上鐫「學海類編」　存子一〇一-三三九

學易居筆錄一卷 (元)俞鎮撰 一九九七年齊魯書社影印涵芬樓影印清道光十一年六安晁氏活字學海類編本 九行二十一字白口左右雙邊單白魚尾版心上鐫【學海類編】 存子一〇一-四一五

瓶花齋雜錄一卷 (明)袁宏道撰 一九九七年齊魯書社影印涵芬樓影印清道光十一年六安晁氏活字學海類編本 九行二十一字白口左右雙邊單白魚尾版心上鐫【學海類編】 存子一〇八-一三八

秋涇筆乘一卷 (明)宋鳳翔撰 一九九七年齊魯書社影印涵芬樓影印清道光十一年六安晁氏活字學海類編本 九行二十一字白口左右雙邊單白魚尾版心上鐫【學海類編】 存子一一〇-六五三

澹齋內言一卷外言一卷 (明)楊繼益撰 一九九七年齊魯書社影印涵芬樓影印清道光十一年六安晁氏活字學海類編本 九行二十一字白口左右雙邊單白魚尾版心上鐫【學海類編】 存子一一三-一

桑子庸言一卷 (明)桑悅撰 一九九七年齊魯書社影印清道光十一年晁氏活字印學海類編本 十行二十字白口四週雙邊單黑魚尾 存子補七七-二四五

費隱與知錄一卷 (清)鄭復光撰 二〇〇三年上海古籍出版社影印清道光活字印本 框高二〇·三厘米 廣一三·六厘米 十行二十六字細黑口四週單邊單黑魚尾 續一一四〇-二八二

格物麤談二卷　(宋)蘇軾撰　一九九七年齊魯書社影印涵芬樓影印清道光十一年六安晁氏活字學海類編本　九行二十一字白口左右雙邊單白魚尾版心上鐫「學海類編」　存子一一七一一

蕉窗九錄不分卷　(明)項元汴撰　一九九七年齊魯書社影印涵芬樓影印清道光十一年六安晁氏活字學海類編本　九行二十一字白口左右雙邊單白魚尾版心上鐫「學海類編」　存子一一八一一三九

蕉窗九錄九卷　(明)項元汴撰　二〇〇三年上海古籍出版社影印清道光十一年六安晁氏活字印學海類編本　框高一九·七厘米　廣一二·七厘米　九行二十一字白口左右雙邊單白魚尾版心上鐫「學海類編」　續一一八五一二九八

遊具雅編一卷　(明)屠隆撰　一九九七年齊魯書社影印涵芬樓影印清道光十一年六安晁氏活字印學海類編本　九行二十一字白口左右雙邊單白魚尾版心上鐫「學海類編」　存子一一八一二四〇

課業餘談三卷　(清)陶煒輯　一九九七年齊魯書社影印涵芬樓影印清道光十一年六安晁氏活字印學海類編本　九行二十一字白口左右雙邊單白魚尾版心上鐫「學海類編」　存子一六〇一四五

石田雜記一卷　(明)沈周撰　一九九七年齊魯書社影印涵芬樓影印清道光十一年六安晁氏活字印學海類編本　九行二十一字白口左右雙邊單白魚尾版心上鐫「學海類編」　存子二三九一五六〇

莘野纂聞一卷　(明)伍餘福撰　一九九七年齊魯書社影印清道光十一年六安晁氏活字印學海類編本　九行二十一字白口左右雙邊單白魚尾版心上鐫「學海類編」　存子二四〇－一六一

孝經集靈一卷　(明)虞淳熙輯　一九九七年齊魯書社影印涵芬樓影印清道光十一年六安晁氏活字印學海類編本　九行二十一字白口左右雙邊單白魚尾版心上鐫「學海類編」　存子二四七－三三八

敝帚軒剩語三卷補遺一卷　(明)沈德符撰　一九九七年齊魯書社影印涵芬樓影印清道光十一年六安晁氏活字學海類編本　九行二十一字白口左右雙邊單白魚尾版心上鐫「學海類編」　存子二四八－四七七

珊瑚舌雕談初筆八卷　(清)許起撰　二〇〇三年上海古籍出版社影印清光緒十一年活字印本　框高一三·五厘米　廣九·八厘米　九行二十字細黑口左右雙邊單黑魚尾版心中鐫「雕談初筆」下鐫「弢園王氏藏遯叟手校本」　續一二六三－五一一

北堂書鈔一百六十卷　(唐)虞世南輯　全國圖書館縮微中心縮微清光緒十五(一八八九)年活字印本　十或十一行二十二字小字雙行字同黑口四週單邊　T四－二四

璧水羣英待問會元九十卷　(宋)劉達可輯　一九九七年齊魯書社影印明麗澤堂活字印本　十一行二十三字黑口左右雙邊雙黑魚尾版心中鐫「待問」　存子一六八－三五

璧水羣英待問會元九十卷　（宋）劉達可輯　二〇〇三年上海古籍出版社影印明麗澤堂活字印本　框高一九·三厘米　廣一三·二厘米　十二行二十三字黑口左右雙邊雙黑魚尾版心中鐫「待問」　續一二二七－一七六

物初和尚語錄七卷　（宋）釋德溥等輯　全國圖書館縮微中心縮微日本寶永三（一七〇六）年活字印本　九行十八字白口四週單邊　T四－五五

野服攷一卷　（宋）方鳳輯　一九九七年齊魯書社影印涵芬樓影印清道光十一年六安晁氏活字學海類編本　九行二十一字白口左右雙邊單白魚尾版心上鐫「學海類編」　存子一七〇－四三一

男子雙名記一卷　（明）陶涵中輯　一九九七年齊魯書社影印涵芬樓影印清道光十一年六安晁氏活字學海類編本　九行二十一字白口左右雙邊單白魚尾版心上鐫「學海類編」　存子二〇〇－一三四

婦女雙名記一卷　（明）李肇亨輯　一九九七年齊魯書社影印涵芬樓影印清道光十一年六安晁氏活字學海類編本　九行二十一字白口左右雙邊單白魚尾版心上鐫「學海類編」　存子二一六－六二四

攷事撮要三卷附錄一卷　（朝鮮）魚叔權等撰　全國圖書館縮微中心縮微朝鮮銅活字印本　十行十七字小字雙行字同白口四週雙邊　T四－一二

延壽第一紳言一卷 （宋）愚谷老人撰　一九九七年齊魯書社影印涵芬樓影印清道光十一年六安晁氏活字學海類編本　九行二十一字白口左右雙邊單白魚尾版心上鐫「學海類編」 存子二五九－一五

爐火監戒錄一卷 （宋）俞琰撰　一九九七年齊魯書社影印涵芬樓影印清道光十一年六安晁氏活字學海類編本　九行二十一字白口左右雙邊單白魚尾版心上鐫「學海類編」 存子二五九－五一

莊子鬳齋口義十卷 （宋）林希逸撰　全國圖書館縮微中心縮微明正德十三（一五一八）年賈詠銅活字印本　十行十八字白口左右雙邊 T四－二八

攝生消息論一卷 （元）邱處機撰　一九九七年齊魯書社影印涵芬樓影印清道光十一年六安晁氏活字學海類編本　九行二十一字白口左右雙邊單白魚尾版心上鐫「學海類編」 存子二五九－八七

修齡要指一卷 （明）冷謙撰　一九九七年齊魯書社影印涵芬樓影印清道光十一年六安晁氏活字學海類編本　九行二十一字白口左右雙邊單白魚尾版心上鐫「學海類編」 存子二六〇－八三

含玄子十六卷附錄一卷 （明）趙樞生撰　一九九七年齊魯書社影印明活字印本　九行十八字白口四週單邊單白魚尾 存子二六〇－四五四

養生膚語一卷　（明）陳繼儒撰　一九九七年齊魯書社影印涵芬樓影印清道光十一年六安晁氏活字學海類編本　九行二十一字白口左右雙邊單白魚尾版心上鐫「學海類編」　存子二六〇－七一四

攝生要語一卷　（明）息齋居士撰　一九九七年齊魯書社影印涵芬樓影印清道光十一年六安晁氏活字學海類編本　九行二十一字白口左右雙邊單白魚尾版心上鐫「學海類編」　存子二六〇－七二四

二六功課一卷　（明）石室道人撰　一九九七年齊魯書社影印涵芬樓影印清道光十一年六安晁氏活字學海類編本　九行二十一字白口左右雙邊單白魚尾版心上鐫「學海類編」　存子二六〇－七二七

集部

曹子建集七卷　（魏）曹植撰　全國圖書館縮微中心縮微明銅活字印本　九行十七字白口左右雙邊　T四－二七

劉隨州集十卷　（唐）劉長卿撰　全國圖書館縮微中心縮微明銅活字印本　九行十七字細黑口左右雙邊　T四－六八

郎士元集二卷　（唐）郎士元撰　全國圖書館縮微中心縮微明銅活字印本　九行十七字細黑口左右雙邊　T四－八五

楊炯集二卷　（唐）楊炯撰　全國圖書館縮微中心縮微明銅活字印本　九行十七字細黑口左右雙邊　T四－三三

虞世南集一卷　（唐）虞世南撰　全國圖書館縮微中心縮微明銅活字印本　九行十七字細黑口左右雙邊　T四－五七

盧照鄰集二卷　（唐）盧照鄰撰　全國圖書館縮微中心縮微明銅活字印本　九行十七字細黑口左右雙邊　T四－五一

張九齡集六卷　（唐）張九齡撰　全國圖書館縮微中心縮微明銅活字印本　九行十七字細黑口左右雙邊　T四－六五

王勃集二卷　（唐）王勃撰　全國圖書館縮微中心縮微明銅活字印本　九行十七字細黑口左右雙邊　T四－三四

杜審言集二卷　(唐)杜審言撰　全國圖書館縮微中心縮微明銅活字印本　九行十七字細黑口左右雙邊　T四-三二

駱賓王集二卷　(唐)駱賓王撰　全國圖書館縮微中心縮微明銅活字印本　九行十七字細黑口左右雙邊　T四-五九

陳子昂集二卷　(唐)陳子昂撰　全國圖書館縮微中心縮微明銅活字印本　九行十七字細黑口左右雙邊　T四-六六

張說之集八卷　(唐)張說撰　全國圖書館縮微中心縮微明銅活字印本　九行十七字細黑口左右雙邊　T四-六七

沈佺期集四卷　(唐)沈佺期撰　全國圖書館縮微中心縮微明銅活字印本　九行十七字細黑口左右雙邊　T四-六一

王摩詰集六卷　(唐)王維撰　全國圖書館縮微中心縮微明銅活字印本　九行十七字細黑口左右雙邊　T四-七〇

祖詠集一卷 （唐）祖詠撰 全國圖書館縮微中心縮微明銅活字印本 九行十七字細黑口左右雙邊 T四-七四

王昌齡集二卷 （唐）王昌齡撰 全國圖書館縮微中心縮微明銅活字印本 九行十七字細黑口左右雙邊 T四-六三

常建集二卷 （唐）常建撰 全國圖書館縮微中心縮微明銅活字印本 九行十七字細黑口左右雙邊 T四-五四

嚴武集一卷 （唐）嚴武撰 全國圖書館縮微中心縮微明銅活字印本 九行十七字細黑口左右雙邊 T四-六四

顔魯公文集十五卷補遺一卷 （唐）顔真卿撰 年譜一卷 （宋）留元剛撰 附録一卷 全國圖書館縮微中心縮微明銅活字印本 十三行十六字白口左右雙邊 T四-八六

崔曙集一卷 （唐）崔曙撰 全國圖書館縮微中心縮微明銅活字印本 九行十七字細黑口左右雙邊 T四-七五

孟浩然集三卷　（唐）孟浩然撰　全國圖書館縮微中心縮微明銅活字印本　九行十七字細黑口左右雙邊　T四-六九

岑嘉州集八卷　（唐）岑參撰　全國圖書館縮微中心縮微明銅活字印本　九行十七字細黑口左右雙邊　T四-七一

包何集一卷　（唐）包何撰　全國圖書館縮微中心縮微明銅活字印本　九行十七字細黑口左右雙邊　T四-六二

包佶集一卷　（唐）包佶撰　全國圖書館縮微中心縮微明銅活字印本　九行十七字細黑口左右雙邊　T四-七九

高常侍集八卷　（唐）高適撰　全國圖書館縮微中心縮微明銅活字印本　九行十七字細黑口左右雙邊　T四-七三

皇甫冉集三卷　（唐）皇甫冉撰　全國圖書館縮微中心縮微明銅活字印本　九行十七字細黑口左右雙邊　T四-七七

皇甫曾集二卷 （唐）皇甫曾撰 全國圖書館縮微中心縮微明銅活字印本 九行十七字細黑口左右雙邊 T四-七六

錢考功集十卷 （唐）錢起撰 全國圖書館縮微中心縮微明銅活字印本 九行十七字細黑口左右雙邊 T四-七二

韓君平集三卷 （唐）韓翃撰 全國圖書館縮微中心縮微明銅活字印本 九行十七字細黑口左右雙邊 T四-五八

嚴維集二卷 （唐）嚴維撰 全國圖書館縮微中心縮微明銅活字印本 九行一七字細黑口左右雙邊 T四-八四

耿湋集三卷 （唐）耿湋撰 全國圖書館縮微中心縮微明銅活字印本 九行十七字細黑口左右雙邊 T四-八〇

戴叔倫集二卷 （唐）戴叔倫撰 全國圖書館縮微中心縮微明銅活字印本 九行十七字細黑口左右雙邊 T四-八一

盧綸集六卷　(唐)盧綸撰　全國圖書館縮微中心縮微明銅活字印本　九行十七字細黑口左右雙邊　T四-八二

韋蘇州集十卷　(唐)韋應物撰　全國圖書館縮微中心縮微明銅活字印本　四冊　九行十七字白口左右雙邊　T四-五
存八卷　一至八

李益集二卷　(唐)李益撰　全國圖書館縮微中心縮微明銅活字印本　九行十七字細黑口左右雙邊　T四-八七

司空曙集二卷　(唐)司空曙撰　全國圖書館縮微中心縮微明銅活字印本　九行十七字細黑口左右雙邊　T四-七八

白氏長慶集七十一卷目錄二卷　(唐)白居易撰　全國圖書館縮微中心縮微明正德八(一五一三)年華堅蘭雪堂銅活字印本　十六行十六字白口左右雙邊　T四-二九

欒城集五十卷目錄二卷後集二十四卷三集十卷　(宋)蘇轍撰　全國圖書館縮微中心縮微明活字印　T四-二

本　十行二十字白口四周單邊

拙軒集六卷　（金）王寂撰　全國圖書館縮微中心縮微清乾隆間武英殿聚珍版印本　九行二十一字白口四週雙邊單黑魚尾　T四-四二

元懶翁詩集二卷　（元）董壽民撰　二〇〇三年上海古籍出版社影印清嘉慶二十五年董占魁克念堂活字印本　框高一九·八厘米　廣一三厘米　十二行二十四字白口四週單邊單黑魚尾版心下鐫【克念堂】　續一三二三-五六

金淵集六卷　（元）仇遠撰　全國圖書館縮微中心縮微清乾隆間武英殿聚珍版印本　九行二十一字白口四週雙邊單黑魚尾　T四-四一

鳳洲筆記二十四卷　（明）王世貞撰　全國圖書館縮微中心縮微明隆慶三（一五六九）年黄美中活字印本　九行十八字白口左右雙邊　T四-二三

道山集六卷　（明）鄭棠撰　一九九七年齊魯書社影印清活字印本　十行二十二字白口四週單邊單黑魚尾版心上鐫【義門鄭氏道山集】　存集三二-二七

思玄集十六卷附錄一卷　（明）桑悅撰　一九九七年齊魯書社影印明萬曆二年桑大協活字印本　十行二十一字白口四週單邊雙黑魚尾　存集三九-一

明夏赤城先生文集二十三卷　（明）夏鍭撰　一九九七年齊魯書社影印清乾隆三十七年映南軒活字印本　十行二十字白口四週單邊單黑魚尾版心下鐫「映南軒」　存集四五－二二四

譚襄敏公遺集三卷首一卷末一卷　（明）譚綸撰　二〇〇〇年北京出版社影印清嘉慶二十四年鄒庭芳活字印本　九行二十字白口四週雙邊單黑魚尾　未五－二〇－六二七

重刻月川類草十卷　（明）夏浚撰　二〇〇〇年北京出版社影印清道光活字印會稽夏氏宗譜本　九行二十八字白口四週雙邊單黑魚尾版心上鐫「會稽夏氏宗譜」　未五－一九－二五一

峚陽草堂文集十六卷附一卷詩集二十卷　（明）鄭鄤撰　二〇〇〇年北京出版社影印民國二十一年活字印本　九行二十一字下黑口四週單邊單黑魚尾　原缺詩集卷十三　禁一二六－三〇五

萬一樓集五十六卷　（明）駱問禮撰　二〇〇〇年北京出版社影印清嘉慶活字印本　九行二十字白口四週單邊單黑魚尾　禁一七四－六五

松鶴山房詩集九卷松鶴山房文集二十卷　（清）陳夢雷撰　二〇〇三年上海古籍出版社影印清康熙銅活字印本　二一厘　續一四一五－五四〇

米　一五・二厘米　九行二十字白口四週單邊單白魚尾無格　書名依目錄

松鶴山房詩集九卷松鶴山房文集二十卷　(清)陳夢雷撰　全國圖書館縮微中心縮微清康熙銅活字印本　九行二十字白口四週單邊單白魚尾無格　T四—一三

容甫先生遺詩五卷補遺一卷附錄一卷　(清)汪中撰　二〇〇三年上海古籍出版社影印清光緒十一年維揚述古齋活字印本　框高二〇・四厘米　廣一二・九厘米　九行二十字白口四週雙邊單黑魚尾版心下鐫『述古齋排印』　續一四六五—四五〇

芙蓉山館全集二十卷附錄一卷　(清)楊芳燦撰　二〇〇三年上海古籍出版社影印清光緒十七年活字印本　框高一七・六厘米　廣一三・四厘米　十行二十四字下黑口四週單邊單黑魚尾　續一四七七—八

養一齋文集二十卷補遺一卷續編六卷養一齋詩集八卷　(清)李兆洛撰　二〇〇三年上海古籍出版社影印清道光二十三年活字印二十四年增修本　框高二〇厘米　廣一三・八厘米　九行二十一字下黑口四週單邊單黑魚尾　續一四九五—一〇

仙屏書屋初集十六卷詩後錄二卷　(清)黃爵滋撰　二〇〇三年上海古籍出版社影印清道光二十六(一八四六)年翟金生泥活字印本　九行二十一字白口左右雙邊單黑魚尾版心上鐫『僊屏書屋』中鐫『詩錄』『詩後錄』　框高一七・四厘米　廣一二・六厘米　續一五二一—一九一

湘帆堂集二十六卷 （清）傅占衡撰 二〇〇〇年北京出版社影印清康熙六十一年活字印本 九行二十一字白口四週單邊單黑魚尾 禁一六五－五二三

詹鐵牛文集十五卷詩集十五卷續集十二卷 （清）詹賢撰 二〇〇〇年北京出版社影印清活字印本 九行二十字白口四週雙邊單黑魚尾 禁一六七－二九五

存存稿十卷續編三卷 （明）周泰編 周寀續編 一九九七年齊魯書社影印清乾隆三十七年周希元活字印本 十行二十字白口四週雙邊單黑魚尾 存集二九一－五七九

皇華集二十四卷 （明）朝鮮官府編 一九九七年齊魯書社影印明朝鮮銅活字印本 十行十七字白口四週雙邊雙黑魚尾 存集三〇一－一八四

文體明辯六十一卷首一卷目錄六卷附錄十四卷附錄目錄二卷 （明）徐師曾撰 一九九七年齊魯書社影印明萬曆建陽游榕銅活字印本 十行十九字白口四週單邊單白魚尾 存集三一〇－三五九

師子林紀勝集二卷補遺一卷圖一卷校勘記一卷續集三卷首一 存集三五二－五一五

卷　（明）釋道恂編　（清）徐立方續編　一九九七年齊魯書社影印清咸豐七年活字印本　九行二十一字細黑口四週單邊單黑魚尾

存集四一五－一〇九

石門覺範天廚禁臠三卷　（宋）釋惠洪撰　一九九七年齊魯書社影印明活字印本　九行十八字白口四週單邊單黑魚尾版心中鐫「禁臠」

存集四一五－一三六

容齋詩話六卷　（宋）洪邁撰　一九九七年齊魯書社影印涵芬樓影印清道光十一年六安晁氏活字學海類編本　九行二十一字白口左右雙邊單白魚尾版心上鐫「學海類編」

存集四一五－二〇六

容齋四六叢談一卷　（宋）洪邁撰　一九九七年齊魯書社影印涵芬樓影印清道光十一年六安晁氏活字學海類編本　九行二十一字白口左右雙邊單白魚尾版心上鐫「學海類編」

續一六九四－四八四

艇齋詩話一卷　（宋）曾季貍撰　校譌一卷　（清）胡珽撰　二〇〇三年上海古籍出版社影印清光緒十四年會稽董氏取斯堂活字印琳琅祕室叢書本　框高一九・二厘米　廣一三・一厘米　九行二十一字黑口四週單邊單黑魚尾

續一六九四－五六〇

蓮堂詩話二卷　（元）祝誠撰　校譌一卷　（清）胡珽撰　續校一卷　（清）董金鑑撰　二〇〇三年上海古籍出版社影印清光緒十四年會稽董氏取斯堂活字印琳琅祕室叢書本　框高一八・八厘米　廣一三・一厘米　九行二十一字黑口四週單邊單黑魚尾

詩談一卷　(明)徐泰撰　一九九七年齊魯書社影印涵芬樓影印清道光十一年六安晁氏活字學海類編本　九行二十一字白口左右雙邊單白魚尾版心上鐫「學海類編」　存集四一七-一

全唐詩說一卷詩評一卷文評一卷　(明)王世貞撰　一九九七年齊魯書社影印涵芬樓影印清道光十一年六安晁氏活字學海類編本　九行二十一字白口左右雙邊單白魚尾版心上鐫「學海類編」　存集四一七-一三

恬致堂詩話四卷　(明)李日華撰　一九九七年齊魯書社影印涵芬樓影印清道光十一年六安晁氏活字學海類編本　九行二十一字白口左右雙邊單白魚尾版心上鐫「學海類編」　存集四一七-五九四

余山詩話三卷　(明)陳繼儒撰　一九九七年齊魯書社影印涵芬樓影印清道光十一年六安晁氏活字學海類編本　九行二十一字白口左右雙邊單白魚尾版心上鐫「學海類編」　存集四一八-二七五

唐詩談叢五卷　(明)胡震亨撰　一九九七年齊魯書社影印涵芬樓影印清道光十一年六安晁氏活字學海類編本　九行二十一字白口左右雙邊單白魚尾版心上鐫「學海類編」　存集四一九-八〇二

四六金鍼一卷　(清)陳維崧撰　一九九七年齊魯書社影印涵芬樓影印清道光十一年六安晁氏活字學海類編本　九行二十一字白口左右雙邊單白魚尾版心上鐫「學海類編」　存集四二〇-四九一

棗林藝簣一卷 (清)談遷撰 一九九七年齊魯書社影印涵芬樓影印清道光十一年六安晁氏活字學海類編本 九行二十一字白口左右雙邊單白魚尾版心上鐫『學海類編』 存集四二〇-五八二

紅樓夢一百二十回 (清)曹雪芹撰 題(清)高鶚補撰 二〇〇三年上海古籍出版社影印清乾隆五十六年萃文書屋活字印本 框高一七·二厘米 廣一二厘米 十行二十四字白口四週雙邊單黑魚尾 續一七九三-五五五

兒女英雄傳四十回 (清)文康撰 二〇〇三年上海古籍出版社影印清光緒四年京都聚珍堂活字印本 框高一三·七厘米 廣一〇·三厘米 十行二十二字白口四週雙邊單黑魚尾 續一七九六-三五七

詞品一卷 (元)涵虛子撰 一九九七年齊魯書社影印涵芬樓影印清道光十一年六安晁氏活字學海類編本 九行二十一字白口左右雙邊單白魚尾版心上鐫『學海類編』 存集四二六-四二三

後記

中國活字印刷技術，始於十一世紀四十年代，即北宋慶曆年間由布衣畢昇發明的，畢昇創造了世界上第一副膠泥活字，比德國的谷騰堡早了四百多年。繼之者爲元代王禎梨版活字，所印之書均無傳本。越一百數十年，到了明弘治朝，銅活字印書始大顯於世。但在以雕刻整版印刷爲主的時代，活字印書還是居於次位，且不爲藏書家所重。

天津著名藏書家周叔弢先生從二十世紀六十年代初着手收集活字本古籍，到一九六六年「文革」開始時停止，歷時五年，共收集各類活字本四百餘部，其中不乏版本稀見、版刻精良者。如清道光十二年泥活字印本《校補金石例四種》、清康熙間銅活字印本《文苑英華律賦選》、清康熙六十年活字印本《吳都文粹》、清雍正年間活字印本《後山居士詩集》等，均被

獨具慧眼的周叔弢先生收入囊中。並於上世紀七十年代初舉贈天津圖書館（時稱天津市人民圖書館），奠定了天津圖書館活字本特色專藏的基礎。天津圖書館爲紀念周叔弢先生捐書之善舉，於一九八一年底，編撰完成了油印本《天津市人民圖書館藏活字本書目》，這部書目是天津圖書館有史以來，編撰完成的第三部專題書目。此前，先後完成了《天津市人民圖書館藏方志目録》、《天津市人民圖書館藏明清小説目録》。該活字本書目共收集活字本古籍七百餘部，其中四百餘部曾爲周先生所藏，並在書目中以「周捐」字樣反映。書目依中國傳統的四部分類法另加叢書一部類分圖書，由於數量不多，故層次僅類分到二級，三級類目採取暗分明不分，但仍具類目清晰，層次分明之特色，對從事古籍版本特别是活字版本研究的學者、活字本古籍收藏者發揮了重要的作用，在學界産生很大影響，被公認爲我國首部活字本古籍書目。

二十世紀八十年代中、後期，爲配合《中國古籍善本書目》的編撰，我們對館藏古籍進

行了全面的普查和編目整理，並於一九九三年着手編撰《天津圖書館古籍善本書目》，經過十餘年的努力，二〇〇四年編目初校工作基本完成。同年，我館決定重修專題活字本書目，責成我董理編目工作，擔任斯目主編。重編活字本書目，我認爲其必要性有三：首先，原書目爲油印本，當時印數不多，不能滿足學者之需求。其次，經過近十年的古籍整理和普查，發現有部分館藏活字本未收入目錄中，須增加補入。例如：清活字印本《硃批諭旨》、道光年間刻印的《豆醫蠡酌錄》、《卓廬文稿》以及民國時期刻印的部分活字本均未收在原目錄中。第三，原目錄個别地方存在著錄上的舛譌和版本的不準確問題。例如：將《郴州直隸州鄉土志》誤錄爲《彬州直隸州鄉土志》，將清代學者「胡珽」誤錄爲「朝珽」，將光緒三十四年刻本《綏遠志》、嘉慶十八年刻本《洪雅縣志》誤錄爲活字印本，將道光間泥活字印本《修業堂初集》誤錄爲木活字本等。此外尚有原未被發現的活字泥版印本《精訂綱鑒廿一史通俗衍義》原著錄爲木活字本等。爲使這部專題目錄能準確、全面地揭示館藏，滿足圖書館工作者及社會各界讀者的需求，我充分利用典守活字本古籍的有利條件，一一核對原書，力求在著錄項目、

類目設置與《天津圖書館古籍善本書目》統一，同時個別地方酌加增減，經過四年不懈努力，終於完成了這部《天津圖書館活字本書目》的編撰任務。

新編活字本古籍書目共收書一一一六部，其中正編八九一部，附錄二二五部。正編收錄自建館以來入藏的原版活字本古籍；附錄主要收錄以四庫全書系列叢書爲主的原底本爲活字本的影印版活字本古籍（館藏縮微膠片中原底本爲活字本古籍亦有收錄），這部活字本古籍書目，較之上世紀的活字本古籍書目正編增加了一〇〇餘部，另增加了附錄二二五部，形成一部囊括館藏現存活字本古籍的專題書目。

本書目在編寫過程中承蒙歷史文獻部李國慶主任、白莉蓉老師的鼎立支持和幫助，王永華同志負責本書目的製版和索引的編製工作，在此一併表示感謝。

由於編者水平有限，疏漏錯誤之處在所難免，懇請方家學者批評指正。

季秋華　　二〇〇八年九月